Georg Raithel

Die altfranzösischen Präpositionen

Ihr Gebrauch und ihre begriffliche Entwicklung

Georg Raithel

Die altfranzösischen Präpositionen
Ihr Gebrauch und ihre begriffliche Entwicklung

ISBN/EAN: 9783337320225

Hergestellt in Europa, USA, Kanada, Australien, Japan

Cover: Foto ©Thomas Meinert / pixelio.de

Weitere Bücher finden Sie auf **www.hansebooks.com**

Die
altfranzösischen Praepositionen.

———

Ihr Gebrauch und ihre begriffliche Entwicklung

dargestellt

im Anschluss an Chrétiens „Chevalier au lyon“,

mit Berücksichtigung

des

Lateinischen und Neufranzösischen

von

Dr. Georg Raithel.

———

I. Abteilung

Od, par, en, enz, denz, dedenz, parmi, enmi.

———

Göttingen 1875.

Druck der Dieterichschen Univ.-Buchdruckerei.

W. Fr. Kaestner.

Die II. Abteilung wird enthalten:

Entre, vers, envers, devers, contre, encontre, sans, avec, fors, defors.

Die nachfolgenden Abhandlungen bilden den Versuch einer Darstellung verschiedener französischer Präpositionen hinsichtlich des altfranzösischen Sprachgebrauchs und ihrer begrifflichen Entwicklung. Wie schon der Titel zeigt, ist dabei das Lateinische und Neufranzösische berücksichtigt worden, und zwar das erstere, um durch die Vergleichung desselben mit dem Französischen zu erkennen, ob eine altfranzösische Präposition ihrer Gebrauchssphäre nach in dem lateinischen Etymon schon ein Vorbild fand, oder ob dieselbe auf romanischem Boden eine begriffliche Weiterentwicklung erfuhr, und inwieweit diese als selbständig, oder unter andern Einflüssen vollzogen zu betrachten ist. Das Neufranzösische wurde herbeigezogen, insofern dasselbe wesentliche Unterschiede in dem Gebrauche einer Präposition gegenüber der alten Sprache zeigte, indem es dieselbe in ihrer Verwendung erweiterte, beschränkte oder ganz aufgab. Bei auffallenden und weniger selbstverständlichen Erscheinungen im Gebrauche einer altfranzösischen Präposition sind mehrfach Analogien aus andern Sprachen angeführt worden, besonders aus dem Provenzalischen, welches in dieser Hinsicht dem Altfranzösischen sehr nahe steht. Die lautliche Entwicklung wurde nur kurz angedeutet, und besonders darzulegen versucht: in welcher Weise eine Präposition sich von ihrer ursprünglich räumlichen Bedeutung, auf temporale, kausale und modale Verhältnisse übertragen konnte, und von was für Anschauungen und Vorstellungen bei solchen Uebertragungen ausgegangen worden ist, demzufolge sich ergibt, dass streng genommen, eine Präposition nicht mehrere Bedeutungen hat, sondern nur gewisse Abschattungen und Modificationen ihrer ursprünglichen erfährt, durch den Zusammenhang und die mannigfachen syntaktischen Verbindungen, in denen sie auftreten kann. Es hätte sich vielleicht empfohlen einen kurzen Abriss über die, von den Präpositionen im Allgemeinen zum Ausdruck gebrachten gramatischen Beziehungen voraus zu schicken, ich enthalte mich aber dessen absichtlich, indem ich auf die scharfsinnige und ausführliche Behandlung dieses Gegenstandes von Pott verweise, in dessen Etymologischen Forschungen. 2. Ausg. I. Bd. Lemgo 1859, *sowie in dessen Schriftchen:* De relationibus praepositionum. Celle 1828.

1

Dass sich die Behandlung der einzelnen Praepositionen an Chrétiens: Chevalier au lyon *anschloss, hat seinen Grund darin, dass zuerst beabsichtigt wurde, eine Darstellung des Sprachgebrauchs der Praepositionen speciell dieses Epos zu geben. Da sich jedoch bald ergab, dass zur Feststellung der bestimmten Verwendung einer Praeposition, der Sprachgebrauch eines einzelnen Denkmals nicht ausreichte, so wurden auch andere altfranzösische Texte herbeigezogen, namentlich volkstümliche Epen, die in dieser Hinsicht besonders reiche Ausbeute liefern, und sich dem höfischen Epos gegenüber auszeichnen durch eine im Allgemeinen freiere Verwendung der Praepositionen, sowie durch die Häufung derselben zu neuen Zusammensetzungen. Bei der Bearbeitung des Gegenstandes aber, trat die zu Grunde liegende Idee mehr und mehr in den Hintergrund und die Arbeit gewann das Gepräge und den Umfang, in welchem sie jetzt vorliegt. Dass dieselbe auf absolute Vollständigkeit keinen Anspruch erhebt, bedarf kaum hinzugefügt zu werden, dieselbe ist nur erstrebt in Beziehung auf den* Chevalier au lyon, *aus welchem alle in Betracht kommenden Belegstellen beigebracht sind.*

Ausser der Behandlung der altfranzösischen Praepositionen in den altfranzösischen Grammatiken von Burguy II, 340 sqq. *und* Orelli (2. Aufl.) p. 373 sqq., *sowie bei* Diez, II, 481 sqq. III, 153 sqq. *sind, meines Wissens, nur 2 Arbeiten über diesen Gegenstand bis jetzt veröffentlicht worden die eine von* Gessner, Sur les prépositions françaises. *Programm des französ. Gymnasiums in Berlin 1858, die andere von* C. Boeddeker in Herrigs Archiv XLV, 161 sqq. (*nur die Praepositionen od, avec, avant fors, defors umfassend.) In ersterer, welche auch Belege für den altfranzösischen und mittellateinischen Sprachgebrauch beibringt, werden die begrifflichen Entwicklungen nicht weiter erörtert, wie dies in der letzteren geschehen ist, welcher sich meine Abhandlungen in Anlage und Behandlung am meisten anschliessen. Ausserdem sind herangezogen worden, die Sammlungen* Littrés *in seinem* Dictionnaire de la langue française. Paris 1873, *sowie die* Syntax *der neufranzösischen Sprache von* Mätzner, I. Bd. Berlin 1843. *Etwaige Entlehnungen von Citaten aus diesen genannten Werken, sind jedesmal vermerkt durch ein, in Parenthese hinzugefügtes* B (=Burguy), G (=Gessner), L (=Littré). *Eingesehen, und so weit als möglich benutzt worden, sind auch die über die Sprache etc. einzelner alt- und mittelfranzösischer Schriftsteller in* Herrigs Archiv *abgedruckten Abhandlungen. So:* Ueber Sprache und Grammatik Cl. Marot's (Arch. 29, 183), Testament de Pathelin (ib. 39,45) Grammatische Abhandlung über Rabelais (ib. 35,221) Versuch über Antoine de la Sale (ib. 46,113), François Villon (ib. 48,241), Archaismen in Montaigne (ib. Bd. 49). *Die*

Sprache Moliére's (ib. 36,159). *Ferner* Glauning: *Syntaktische Studien zu* Marot. *Nördlingen 1873.; Prof.* A. Geijer: Etude sur les Mémoires de Philippe de Commines. Upsala 1871.

Abkürzungen:

Chly. = Li Romans dou Chevalier au lyon. ed Holland, *Tübingen 1862.*

Erec = Erec et Eneide in Haupts Zeitschrift für deutsches Altertum *Bd. X. Berlin 1855.*

Pass. = La Passion du Christ. ⟩ in Diez: *Zwei altromanische*
St. Léger = La vie de saint Léger.⟨ *Gedichte. Bonn 1852.*

St. Alex. = La vie de St. Alexis ed. Gaston Paris. *Paris 1872.*

Rol. = La chanson de Roland. ed. Theod. Müller. Göttingen 1863.

St. Thom. = La vie de Saint Thomas ed. Hippeau. *Paris 1859.*

St. Nich. = La vie de Saint Nicholas ed. Delius. *Bonn 1850.*

Vrai aniel = Li dis dou vrai aniel. ed. Tobler. *Leipzig 1871.*

T. M. = *Mitteilungen aus altfranzösischen Handschriften* ed. Tobler. *Leipzig 1870.*

K. Romv. = Keller, Romvart. *Mannheim 1843.*

Gui d. B. = Gui de Bourgogne ⟩ ed. Guessard in Les anciens
Otin. = Otinel ⟨ poëtes de la France. *I. Band.*
Floov. = Flovant ⟨ *Paris 1851.*

Für den Gui d. B. *ist zu bemerken, dass in der erwähnten Ausgabe an verschiedenen Stellen die Verse nicht richtig gezählt sind. Zuerst springt die Zählung von* v. 1514 *auf* v. 1516, *dann* v. 1612 *auf* v. 1615 *endlich von* v. 1946 *auf* v. 1948, *so dass die Gesammtzahl der Verse des Gedichtes nur 4300 nicht 4304 beträgt. Meine Citate richten sich nach der wirklichen Verszahl des Gedichtes.*

Rois = Les quatre livres des Rois etc. ed. Le Roux de Lincy. *Paris 1841.*

Cor. L. = Coronement Looïs ⟩
Charr. de N. = Charrois de Nymes ⟨ in Guillaume d'Orange
Pr. d'Or. = Prise d'Orange ⟨ ed. Jonckbloet.
Bat. d'Alisc. = Bataille d'Alischans ⟨ La Haye 1854.
Cov. Viv. = Li convenanz Vivien ⟩

Bible Guiot = La Bible Guiot de Provins ed. Wolfart u. San Marte Halle 1861.

Pr. d. P. = La prise de Pampelune ed. Mussafia. *Wien 1864.*

Mätz. A. L. = Mätzner „Altfranzös. Lieder." *Berlin 1853.*

Wack. L. L. = Wackernagel „*Altfranzösische Lieder und Leiche*" *Basel 1846.*

Ba. = Bartsch „Chrestomathie de l'ancien français." *2. Aufl. Leipzig 1872. Wo Citate aus der ersten Auflage angeführt sind, ist es besonders hervorgehoben.*

Ba. = *Derselbe* „Chrestomathie provençale". *Elberfeld 1868.*

Joinv. = Oeuvres de Joinville. ed. Wailly. *Paris 1866.*

Rabel. = Les oeuvres de Rabelais. ed. Barré. *Paris 1866.*

Beck. Hom. Bl. = Becker Homerische Blätter. *Bonn 1872.*
Gachet. = Gachet: Glossaire roman des chroniques rimées
de Godefroi de Bouillon etc. Bruxelles 1859.
D. C. = Du Cange: Glossarium mediae et infimae latinitatis
etc. ed. Hentschel.
Holtze = Holtze: Syntaxis Lucretianae lineamenta. *Leipz. 1868.*
Holtze = Derselbe: Sxntaxis scriptorum latinorum priscorum
2 Bde. *Leipzig 1861.*
R. Jtala = Rönsch, Jtala u. Vulgata. *Leipzig 1869.*
Lex. sal. = „*Romanische Elemente in der* lex salica" von
A. Pott *in* Höfers Zeitschrift III. 1851. p. 113.
Kamp = Kampmann: De „In" praepositionis usu Plautino.
Gymnasialprogramm. Breslau 1845.
Gir. d. Ross. = Girartz de Rossilko ed. C. Hoffmann in
Werke d. Troubadour *von* Mahn.
*Andere etwa vorkommende Abkürzungen bedürfen keiner
weiteren Erklärung.*

Od.,

Die altfrz. Präposition od *repräsentiert lautlich und begrifflich das lat.* apud. *In ihrem Uebergang ins Altfrz. erscheint die lateinische Präposition in doppelten Formen, nämlich ab, und od, ot, o. Erstere Form, die auch die provenzalische Wiedergabe von* apud *ist, findet sich schon in einer Urkunde* Ludwigs *des Frommen von 814:* ab his cellulis b. *Diez, III, 174., rein altfrz. nur in den Eiden b. Ba. 3,23* et ab Ludher nul plaid nunquam prindrai ..... *Das ab, der Passion (33₄. 64₄. 73₄. 95₁. 106₄. 107₄.) sowie der Vie de* Léger *(2,2. 4,4., daneben auch mit Trübung des Vocals ob 5,₄. 25₂ und o 20₃) ist mehr provenzalischem Einfluss zuzuschreiben, da ja beide Denkmäler halb provenzalischen, halb altfranzösischen Sprachkarakter tragen. Für sich allein treffen wir später ab im Altfranzösischen nicht mehr, sondern nur in der Composition* avoec *aus* apud hoc. [1]*
Ab aus apud (*wie* cab *aus* caput), *entstand durch Abfall der unbetonten Endsilbe des lateinischen Grundwortes. Um die Formen od, ot, o zu erzeugen, musste die lateinische Präposition einen andern Lautprocess durchmachen, welchen man sich in der Weise vollzogen denken kann, dass zuerst die inlautende* tenuis *zur* media *erweichte, und diese so entstandene* media *(fälschlich für eine ursprüngliche gehalten) zwischen den beiden Vocalen endlich ganz ausfiel, also aus* apud — abud, àud *resultierte. Obgleich a und u in* àud *etymologisch im Verhältniss des Hiatus zu einander standen, fasste man* àu *bald als einen reinen und ursprünglichen Diphthong auf. Dieses* a͡u, *in seiner nach o neigenden Aussprache, wechselte in der Schreibung oft mit o, und dies stellvertretende o wurde nun massgebend für die graphische Wiedergabe des* àu*

---

[1] Diez, Gr. III, 483 *hält das* ad *der Eulalia (b. Ba 6,2* ad une spede li roveret tolir lo chief . . .) *für eine neben* ab *bestehende, und aus* apud *hervorgegangene Form, doch ist man zu dieser Annahme nicht gezwungen, und hindert nichts einfach hierin die Wiedergabe des lat.* ad *altfrz.* ad, a *in instrumentalem Sinne zu erblicken, das, wie* Diez l. c. III, 159 *zeigt altfrz. häufig auftritt, man vgl. dazu* Chly. 822, 3507, 4490 etc. St. Alex. 78,2 ad ambes mains derompt sa blanche barbe etc.

in áud — od, welche Schreibung sich bei unserer Präposition dann als die normale fixierte. Bedenken für diese Entstehungsart von od erregt nur der Umstand, dass das 2silbige á-ud sich zu der einsilbigen Form aûd zusammenzog, während das Altfrz. diese Art des Hiatus nie tilgt.²) Eine analoge Erscheinung einer so doppelten Formenbildung von einem lateinischen Grundworte bildet das Präteritum habuit, *woraus* ab (b. Ba. 17,29) *und* aut (b. Ba. 14,24), ot (Chly 4300) *wurde. Ebenso* sapuit — sab, saut, sot.

Die gewöhnliche altfrz. Form der Präposition ist od (St. Nich. 409. Rol. 3288 etc.), *daneben findet sich auch, mit Uebergang der finalen* media *in die* tenuis: ot (Rol. 3286 *nach der Oxford. Hdschrift. Dann* Travels of Charlemagne *p. 3 b.* Gachet, *auch in der Handschrift des* St. Alex. 30₅ 43₄ 122₂ b. *Gaston Paris p. 97.), letzteres seltener um der Verwechslung mit dem präteritalen* ot (habuit) *vorzubeugen. Wie das* lat. ad. *bis ins 11. und 12. Jh. im Altfranzösischen mit Erhaltung des Endconsonanten, als* ad *neben* a *häufig vorkommt (Rol. 1542. 1552), so tritt neben* od *auch die Form* o³) *auf, und zwar ohne Rücksicht auf folgenden vokalischen oder consonantischen Anlaut (vgl.* St. Nich. 572,73 ... o haute voiz Jhm̄ loerent *b. Ba. (1. Aufl.)* 69,22 o harpes et o gyges est la joie sonee .. Gui d. B. 613 isnelement ensamble o aus entrez ... *). In den drei Stellen unsers Gedichtes (Chly. 1362, 5536, 5038), sowie im* Erec *unsers Dichters begegnet nur letztere Form.*

In seiner Bedeutung gibt das altfrz. od, o *nur noch in eingeschränktem Masse des* lat. apud *wieder, es zeigt vielmehr eine begriffliche Weiterentwicklung, die, auf der lateinischen Grundbedeutung basierend, sich zum Teil unter dem Einfluss des lautlich nahestehenden* ad *vollzog. Dieser Einfluss ist jedoch nur für wenige Fälle einzuräumen, und nicht zu über-*

---

²) *Auch liesse sich die Form* od *entstanden denken, durch den Ausfall des* u *zwischen* p *und* d, *und durch darauffolgende Vokalisation des zu* b *erweichten* p, apud-apd, abd, and, od *wie* Gaston Paris *will cf.* Alex. p. 97., *doch ist im Altfrz. eine solche Vokalisation des* b *vor Consonanten sehr selten, während sie provenzalisch sich häufig findet. Noch unsicherer erscheint die Annahme einer etwaigen Attraktion des* u *an* d, *womit dann der gewöhnliche Ausfall des* p *vor* d *verbunden wäre, man vgl.* Diez. Gr. 1, 291.

³) *Formen wie* ove, oue *sind nicht als erweiterte Nebenformen von* o *zu betrachten, sondern entstanden vielmehr aus einer Verkürzung von* ovoc, ovec *cf.* Burguy II, 344 sqq *und* Rois III, p. 324 Tut issi cume Deu al este ove tei, mun seignur, si seit il, od Salomun . . ., *wo das Zusammentreffen beider Formen unsere Ansicht bestätigt, da sich kaum annehmen lässt, dass in einer und derselben Mundart, zwei so verschie-*

schätzen, wie es Boeddeker *in seiner Abhandlung über die Präposition tut* (Archiv 45,165 sqq). *Nach welcher Seite hin die Präposition eine Weiterentwicklung erfuhr, und inwieweit dieselbe als selbstständige oder als von* ad *beeinflusste anzusehen ist, werden die einzelnen Fälle ergeben. Oft auch dient* od, o *zur Wiedergabe des* lat. cum. *Die Präposition verschwindet ganz aus der Sprache um die Mitte des 16. Jh. und wird jetzt je nach den verschiedenen Arten ihres Gebrauchs durch andere Präpositionen ersetzt und vertreten, hauptsächlich durch* avec *und* à.

1., Zuerst gibt od *das* lat. apud *wieder in seiner Bezeichnung der Nähe, mit besonderer Beziehung auf Personen, nach Verbalbegriffen der Ruhe, des sich Befindens und Verweilens an einem Orte. Der Bedeutung nach entspricht es dem deutschen* bei.[4])

Chly. 1362 son cuer a o soi anemie. St. Thom. 2240 par amor lor prea ke od lui (=bei ihm) herbergassent. St. Nich. 335 Nicholas fu remes Od le forment. Rol. 3092 Od els ert Carlemagne, ib. 3766. Erec. 648 Bien ai este trois anz o lui. St. Thom. 616 Li clerc ki od lui erent. Gui d. B. 196. Floov 1646 O moi vodrai gesir anquenuit. Gautier de Coinsi in Auguis Poëtes fr. I, p. 302 Moult desirra o lui gesir b. Mätz. A. L p. 278). Marie d. France b. Ba. 259, 16. od (=bei) paisanz, od povre gent perneit la nuit herbergement L. òl. de Sap. b. Ba. 87,29 Chertes, je l'i laissai Et Benjamin ɔ lui, quant d'Egypte tournai. Gui d. B. 3069. Pr. d. P. 480 asseoir od qqn. St. Alex. 122,4 Or l' ad od sei (sc. l'aneme la pulcele) *vgl.* Rol. 3053. 3415. 2561. 3317. 3752. St. Thom. 2022. Gui d. B. 3278. Floov. 1230.

2., Aus dem Begriff des Beisammenseins entwickelt sich der der Gemeinschaft und Begleitung, und od, *in die Funktion des* lat. cum. *eintretend, lässt die durch sie verbunden Personen als an einer Bewegung, einer Tätigkeit zugleich teilnehmend erscheinen, wodurch sich die Präposition, je nach dem*

---

dene Formen ohne jeden Sinnesunterschied nebeneinander hergehen sollten. An eine Entstehung aus ab (apud) *allein, etwa durch Verlängerung von Formen wie* ob (St. Léger 5,4. 25,2) *zu* obe, ove *ist nicht gut zu denken.*

[4]) *Die im Mittellatein* (Prosper Aquitanus, Gregorius etc.) *übliche, bei Cicero ausnahmsweise, bei Tacitus häufiger vorkommende Verwendung von* apud *zur genauen Bezeichnung des Ortes wo etwas geschieht* (*und nicht blos der Nähe in deren Bereich sich etwas vollzieht*) *ist ins Altfrz. nicht übergegangen. Vgl. Fernow im Jahrbuch XI, 257. Das altfrz. drückte diese Beziehung durch die Präp.* ad, *aus, welche schon im Mittellateinischen in diesem Sinne häufig gebraucht wurde und stellvertretend für* apud *eintrat cf. Gregorius Turonensis, Fredegarius etc.*

Zusammenhang, in ihrer Bedeutung dem Deutschen: „mit,
sammt, im verein mit" *zur Seite stellt.*
Erec 108 se vos plesoit, o vos iroie. ib. 1058. 357. St.
Nich. 393 appareillee ... de aler od vus. St. Thom. 1379.
ib. 1646. Laienz entra Thomas od mult poi compainnuns
Gui d. B. 4019 O lor beles moillers sont en lor chars entres.
St. Nich. 834. St. Thom. 1392 Od sa gent i vendreit. ib.
1395. Erec 158 s'amaint sa pucele o soi Rol. 2149 Carles
repeiret od sa grant ost. Pr. d. P. 1580 Rolland le noble dus
s'aresta ou XX mille soldiers esleüs. St. Thom. 2055 s'il
returnout od lui. Pr. d. P. 2110,11. Erec 788 li chevaliers
cort devant toz o lui sa pucele .. Pr. d. P. 2338,39 Lour
broça celle part le duc isnelement Altumajour ou lu che ne
fu mie lant. ib. 1876. Rol. 1630 Puis si chevalchet od sa
grant ost banie. ib. 2444. 3455. Pr. d. P. 2936. Bible de
Sap. b. Ba. 85,2 Ains ont levé leur voile et siglent o le vent
(*aber* ib. 87,6 Dont entrent en la nef, puis si siglent au vent
und Gui d. B. 500 Les gonfanons de soie lessent au vent aler
etc.) *lässt sich auch instrumental auffassen, obgleich die räumliche Anschauung der Gemeinschaft noch deutlich fühlbar ist.*
St. Thom. 1988 le jur se muschouent entres k'à l'avesprer,
od nuines, od nunains, en bois pur eus celer. ib. 2008 ches
Dan Jacob s'estoit od les soens ostelez. ib. 370 ke il le puise
od sei en enfer trebucher. Rol. 1410. St. Thom. 912 od sei
le voleit fere pastre. ib. 2246. ne volum ... od vus manger
ib. 935. 800,01 Baptizez fu e sa maisnee Od lui.
*Je nach dem im Verbum liegenden Tätigkeitsbegriff, kann
die von* od *eingeführte Person in einem reciproken Verhältnis erscheinen. Die hier in Frage kommenden Verbalbegriffe müssen den Begriff der Gegenseitigkeit enthalten d. h.
die Betätigung und Teilnahme verschiedener Subjecte an der
Handlung in sich schliessen; es ist dabei nicht immer die
gleichmässige Beteiligung beider Seiten ausgesprochen, da nicht
selten dem Redenden selbst die Handlung als eine einseitige
Betätigung vorschwebt. Beziehungen verschiedener Art werden
hier durch die Präp. zum Ausdruck gebracht, freundliche und
feindliche.*
Chly. 5536 Seul vos covient o nos deduire. St. Thom.
913 Dit lui ke il seit ben od sun seignur terrestre. Pr. d. P.
507 por fer o lu amistance. St. Thom. 1687. conseilz teneit
od les meuz konéuz. Rol. 2452 un angle ki od lui soelt
parler. St. Nich. 396. 409. 413. 432. St. Alex. 69,1 Molt longement ai od lui converset. ib. 98,4. St. Thom. 619. 905.
Taunt fist (*=sprach*) li Reis od lui k'il remest ses privez. Rol.
3288 s'il se cumbat od mei ib. 3844. *Und in den Eiden
unter der Form* ab, ... et ab Ludher nul plaid nunquam
prindrai.

Obgleich das Lateinische sein apud *in diesem Sinne mit Verbalbegriffen der Bewegung* etc. *nicht verwenden konnte, sondern, wie schon angedeutet* cum *dafür eintreten liess, so ist der im Altfrz. erweiterte Gebrauch der Präp. keineswegs befremdend, indem diese begriffliche Weiterentwicklung die ursprüngliche Bedeutung von* od *noch deutlich durchblicken lässt. Die Grundanschauung, dass ich mich bewege, dass ich etwas ausführe, indem ich mich bei Jemand befinde, welcher dasselbe tut, ergibt den weiteren Begriff, dass ich es zugleich und gemeinschaftlich, im Verein mit ihm tue. Man vgl. das analoge prov.* ab, *das engl.* with *(b. Mätz. Gr. II, 409) und das deutsche bei (Grimm W. B. I, 1346 sqq.)*
3., An den Begriff der Begleitung schliesst sich die weitere Verwendung der Präp., zur Verbindung von Personen mit Sachen, indem sie den Gegenstand bezeichnet, welchen Jemand mit und bei sich führt, oder die Sache, welche bei einer geschehenden Handlung als passiver Begleiter erscheint. Ein Gebrauch von od, *der im lat.* apud *kein Vorbild fand, da dort die Präp.* cum *diese Funktionen mit* zu *übernehmen hatte, und den das spätere französisch durch das zusammengesetzte* avec *wiedergab.*
St. Nich. 770,71 li crestiens s'en ala od le bastun qu'il porta. St. Thom. 1578. St. Nich. 842,43 Cil de la nief aval tendi, Od tut le hanap fors chaï. ib. 1086 en veie entra od grant avoir. ib. 1399. Od tut un vesselet petit vint al secrestoin. St. Thom. 319. Od sa lanterne vint dreit la ù fu li liz. ib. 770. Et od lanpes ardanz, en paradis entrer. Erec. 103. Moral. s. Job p. 468 Si fait a savoir que li anciens enfooient lur morz od lur richeces.
4., Eng hiermit zusammenhängend und auf derselben Grundanschauung beruhend, ist der Gebrauch von od *zur Einführung von Begriffen (meist abstracter Natur, als Zustände, Gefühle* etc.*), die als begleitende Umstände einer sich vollziehenden Handlung erscheinen, und dieselbe ihrer Art und Weise nach karakterisiren,*
St. Nich. 864. Jeünes od afflictions firent ib. 140,41. Discipl. Cler. b. Ba. 270,11 li troi pour dieu o bon corage . . . se remetent pour dieu servir. St. Thom. 1722 Puis lur ad respundu od grant humilité. ib. 1734. 1380. 2318 Diseit sa cause avant, od mult beles resons (*lässt sich auch instrumental auffassen*) ib. 1900 En unt od grefs suppirs celéement pluré. Gui d. B. 2623 Et li Turs li revint, o l'ire qu'il ot grant. Bibl. de Sap. b. Ba. 89, 11—12 Devant le roi d'Egypte trestous vous baiserai o ma beneichon, en apres si morrai. St. Nich. 573 O haute voiz Jhm loerent. Guill. de Machau b. Ba. 409,34 o sa harpe si doucement chanta. *Häufig findet sich jedoch auch* a *im altfrz. zum Ausdruck dieser Be-*

*ziehung verwendet, welches vom 15. Jh. ab, diese Funktion
der Präp.* od, *vollständig übernimmt. Man vgl.* Chly. 811.
Uns chevaliers vint a si grant bruit. ib. 1300 1729 Cui ele
garde a molt grand eise 2369. 2531. Molt a enuiz la leisse-
roie. 3770. 4627 Atant s'an part a grant angoisse. 4831 qu'il
plovoit a si grant desroi 6652,53 A bele chiere, a lie sembl-
lant Monte Lunete si s'an va. St. Alex. 87,2 A grant dol
met la soe charn medisme. St. Léger 2,6 que lui a grant
torment occist. Vrai aniel, 203 etc. *Beide Präpositionen
gehen gleichbedeutend neben einander her, in der* Bibl. de
Sap. b. Ba. 71,11 *(1. Aufl.)* au temple domini si l'avons
amené o grant chant et a hynnes.

5., *Diente in den obigen Fällen* od *in Verbindung mit
einem Nomen zur Karakterisierung eines Verbalbegriffs, so begegnet die Präp.* in *ähnlicher Weise an der Spitze einer ad-
nominalen Bestimmung zur Individualisierung eines persönlichen Wesens, hier ein meist körperliches Merkmal oder eine
Eigenschaft hervorhebend, welche eine Person von einer andern
unterscheidet. Diese in der Poesie, besonders in den* Chansons
de geste *häufig wiederkehrenden Redewendungen, wurden fast
formelhaft, worin der Grund liegen mag weshalb gerade diese
Verwendung der Präp. sich lange erhielt. Seiner Natur nach
konnte* od *recht gut diese grammatische Beziehung zum Ausdruck bringen, und die dabei zu Grunde liegende Anschauung
ist die, dass ein bei einer Person öfter sich findendes Merkmal,
eine im verein mit derselben häufig auftretende Eigenschaft,
als ein integrierender Bestandteil derselben aufgefasst wurde
der nun mit dieser Person durch die Präp.* od *verbunden
jene genauer karakterisieren sollte.*

Rol. 2605. Li emperere od la barbe flurie. Gui d.B. 1370
Atant es le vieillart o le guernon mellé. ib. 1897. Otin. 719.
Auc. et Nicol. b. Ba. 280,25. ib. 282,25 Nicolete o le vis cler.
Floov. 2208. ib. 929 Moïmes l'anpereres o le viaire fier. Auc.
et Nic. b. Ba. 289,34 s'amie o le gent cors. ib. 292,23 m'amiete
o le blont poil. ib. 284,4 mescinete o le cuer franc. Roncesv.
67 Et se je truis ma dame o le douz non. etc. etc.

In gleicher Bedeutung wird aber auch schon frühe a *verwendet, welches in manchen Denkmälern gleichberechtigt neben
jenem hergeht, bis es endlich* od *ganz unterdrückt und sich vom
16. Jh. ab, die ausschliessliche Bezeichnung dieses Verhältnisses
aneignet. vgl.* Auc. et Nic. b. Ba. 279,27 Nicolete au cler vis
ib, 288,17 Mescine au cors net. Floov. 1390 Maugalée . . .
à la bale semblance. ib. 562. 506 Florote au cors gent. Coron.
Looïs 468 sire au chaperon. Chly. 4283 li chevaliers au lyon.
ib. 5249 li rois del Isle as puceles. Guill. d'Or. b. Ba. 63,36
Guillaume au cort nes. ib. 67,39. Ba. 351 Berte au grant
pied etc. etc.

6., Von weit ausgedehntem Gebrauche ist die Präp. od
*in instrumentalem Sinne, eine Verwendung, die sich aus
der in* od *liegenden Grundanschauung der Gemeinschaft und
Begleitung (cf. oben 2.) weiterentwickelte und zwar so, dass
der bei der Ausführung einer Handlung äusserlich hinzutre-
tende Gegenstand, in dessen Gemeinschaft dieselbe sich gleichsam vollzieht, als der Stoff, das beteiligte Mittel oder Werkzeug
erscheint, womit und wodurch etwas zu Stande kommt. Den
Uebergang zu diesem Gebrauch von* od *können Beispiele ver-
anschaulichen, wie* Bibl. de Sap. b. Ba. 70,13 *(1. Aufl.)*o leur
palmes t'oneurent, ib. 71,11 au temple. . . . . l'avons amené
o grant chant et a hynnes. Troie b. Ba. 132,27 *(2. Aufl.)*
o criz, o lermes e o plors l'ont deproiié e conjuré. *in denen
es unentschieden und der jeweiligen Auffassung überlassen
bleibt, die von der Präp. eingeführte Bestimmung modal oder
instrumental zu fassen.*

Rol. 1778 Puis od les ewes lavat les prez del sanc
Tristr. b. Ba. 100,13 Le teint de herbe e la licur, tut en lavat od la suur. St. Nich. 1013 Par devant sun seignur ser-
voit od une cope qu'il tenoit. Bibl. de Sap. b. Ba. 69,22
(1. Aufl.) o harpes et o gyges est la joie sonee, o cors et a
buisines d'autre part est cornee. ib. 67,29 *(2. Aufl.)* o ses
deus mains qu'il ot sor la forcele la vie sant qui el cors li
flaele. Otin. 1817. o Durendal va les rues chalonjant. Rol.
988 Si cunquerrai Durendal od la meie. Otin. 934. St. Nich.
212,13 Tut depeceit ses vestemenz Et od ses meins et od ses
denz. Floov. 2343 les acoilent o les brans acerez ib. 2344.
Rol. 1202 Od sun espiet l'anme li getet fors. ib. 98 Od ses
cadables les turs en abatied. ib. 237. 3940. Pr. d. P. 1790,
91 E Guron de Bretagne ou la spee molue Feit jonchier des
Paiens icelle lande erbue. ib. 1933,34. Rou b. Ba. 117,14
Od la hache qui fu d'acier en sum le helme le cuida ferir.
Rol. 3957 Od C. serjanz par force les cunduit. etc. etc. *Bis
gegen das Ende des 14. saec. erhält sich diese Anwendung
der Präp., verschwindet dann aber gänzlich.*

*Häufiger noch, und mit Vorliebe drückt das Altfrz. diese
instrumentale Beziehung durch die Präp. a aus. Schon in
den ältesten Denkmälern findet sich dieser Gebrauch, und begegnet, wenngleich seltener und vereinzelt, noch in der neuen
Sprache* (Mätz. Synt I, 246). *So* Eulal b. Ba. 6,2 ad une
spede li roveret tolir lo chief. Rois. b. Ba. 48.16 tu vienz
encuntre mei od espee à lance e à escu. Rol. 1825 Ben le
batirent à fuz e à bastuns ib. 2368. 2588. 2931. 3376. 3378.
3726 Prent la as mains. ib. 3738,39. 3791. Chly. 345. 436
822. 3507. A ses dans l'espee li oste. 3131. 4222. 4231. Li

ot au tranchant de s'espee L'espaule del bu dessevre. ib.
4490. 5521 etc. etc.[5])

7., *Es bleibt uns noch eine Gebrauchsart von* od, o *übrig,
nämlich die, wo es zur Bezeichnung des Zieles dient.* Boeddeker l. c. p. 173 *bezeichnet diesen Vorgang als einen Ueber-
griff der Präp.* od *in die Funktion von* a, *und hält die Bedeutung von* od *für eine ihm irrtümlich zugefallene. Diese
Annahme scheint mir unrichtig und unnötig. Wenngleich die
Präposition in diesem Sinne verhältnismäsig nur selten auftritt, so kann diese Verwendung doch keineswegs befremden,
da sie sich, wie Analogien zeigen, recht gut aus der Grundbedeutung von* od *weiterentwickeln konnte.* Od *(wie das lat.*
apud, *und das deutsche* bei) *bezeichnet in Verbindung mit
Verbalbegriffen der Ruhe das sich Befinden in der Nähe, in
der Gegenwart von etwas; der Begriff des sich Bewegens in
dem Bereiche eines Gegenstands, konnte leicht den Nebenbegriff einer gewissen bestimmten Richtung ergeben, nämlich den,
des sich Bewegens zu dem Gegenstande hin, .als seinen Zielpunkt. Und man übertrug den Ausdruck dieser Beziehung
auf* od, *indem man der Vorstellung des sich Bewegens in
der Nähe von etwas, die des sich Bewegens in die Nähe,
oder in die Gegenwart von etwas, substituierte. Eine ähnliche
Uebertragung einer Präposition der örtlichen Beziehung des*
wo, *auf die Beziehung des* wohin, *bietet die Präp.* chez dar,
sowie das engl. by *(Mätz. Engl. Gr. II, 394 b) und das deutsche*
bei. *Letzteres macht noch eine äussere Unterscheidung durch
die Anwendung verschiedener Casus, indem die Präp. auf die
Frage* wo? *mit dem Dativ, auf die Frage* wohin? *mit dem
Accusativ correspondiert.[6])*

---

[5].) *Wenn Boeddeker (Arch. 45,173) meint, dass das nfrz.* à *in
jouer* à *begrifflich auf* od, o *beruhe und durch ein Missverständnis mit* ad,
à *verschmolzen wurde, so ist dies eine irrige Ansicht, die durch den
altfrz. Sprachgebrauch, den der Verfasser jener Abhandlung hierbei über-
sah, vollständig widerlegt wird. Denn gerade bei* jouer *ist im Altfrz.*
à *das gewöhnlichste und findet sich in den besten Texten.* Erec. 349,51
li autre ioent d'autre part ou à la mine ou à hasard, cil as eschas
et cil as tables. *Auch* Partonopex d. Blois 10564,65 Bibl. de Sap. b. Ba.,
69,22 (1. *Aufl.*) o harpes et o gyges est la joie sonee, o cors et a
buisines d'autre part est cornee. *vgl. auch* Beck. Hom. Bl. p. 125 sqq.
auch Guill. d'Engl. b. Ba. 149,34 uns borgois assasez qui n'estoit pas
juere as dez. *Die Präp. ist in allen diesen Fällen instrumental zu
fassen, da der von ihr eingeführte Gegenstand des Spieles, zugleich das
Mittel ist, wodurch dasselbe zu Stande kommt.*

[6]) *Bei mustergültigen nhd. Schriftstellern z. B.* Luther, Klopstock
Justus Möser, Göthe, *sowie in der Volkssprache und in dem Worte:*
beiseite, *kommt* bei *auf die Frage* wohin *mit dem Accusativ vor, wenngleich die Schriftsprache und feinere Umgangssprache es vermeiden*

Fl. et Bl. b. Ba. 236,2—3 quant de s'amor conjurer s'ot o li (zu ihr) s'en vait con plus tost pot. Jehan Bodel ib. 312,26—37 car dieus mout douchement rechoit chiaus qui o lui (zu ihm) voelent venir. St. Nich. 610,11 Quant vint al jor qu'il deut finer Que Dex le vout od sei (zu sich) mener. Otin 393,394 As grans fenestres s'est li rois acoutez. Les XII pers a o sei (zu sich) apelez. Mar. de Fr. (b. Burguy) II, 365 Une kievre vuleit aler Là ù pasture pust trover: ses chevrax apela od li, si lur preia et deffendi .....; *Noch andere bei* Boeddeker l. c. *angeführte Beispiele zwingen nicht, das od in diesem Sinne aufzufassen.*)*

Diese von der Präp. ausgedrückte Beziehung der Richtung nach etwas hin, scheint in übertragener Weise sich wiederzufinden in der altfrz. sehr gebräuchlichen Redewendung (se) tenir od qqn, ester od qqn, *(neben* se tenir a *cf. Mätz. AL p. 278,45—46. Burguy I, 395,39,) analog dem prov.* se tener ab *(Boèce v. 143) und dem deutschen zu Jemand halten, stehen; wenn das altfrz. nicht etwa dabei von einer andern Grundanschauung ausgieng, als der des räumlichen bei Jemand stehen, mit dem Nebenbegriff ihn zu unterstützen und behülflich zu sein, gleich unserm Deutschen: Jemand beistehen, wo dies noch deutlich fühlbar ist.*

St. Thom. 894,95 Rogers del Punt l'Evesque li pramet ensement, K'il se tendra od lui, ne li faudra nient ib. 893 903 Taunt cum tendrunt od lui, jà mes nel materez. St. Alex. 31,1 s'od mei te vols temir. St. Thom. 1734. Et vus, ke od raisun devez od mei ester. Rois II, p. 180 N'irrai pas od lui, mais od celui ki nostre Sire ad eslit, e li poples ki est ici, e tuit Israel od lui esterrai (B.) *vgl. das prov.* Gir. d. Ross. 2610 Ab Girartz m'i tenrai si dieus m'i guar.

Ueber die präpositional gebrauchte Zusammensetzung otot (Pr. de P. 566 ib. 469. Gui d. B. 34. Coven. Viv. 1570. 1588. St. Nich. 843 etc.) *verweise ich auf das gleichgebildete und gleichbedeutende* atot (Chly 1471. 1885. 2981. 4191. 4672 etc.) *und das dort darüber gesagte. Man vgl. dazu das englische* withal (Mätz Gr. II, 421).

---

zu Gunsten der Präp. zu. vgl.: Filangieris kommen diese Tage bei mich zu Tische. (Goethe) „ich bitte mich bei Sie zu gast (Goethe) cf. Weigand, WB. s. v. *auch* Grimm WB, I, 1347 er nahe bei sie kam (Luther) bei die Princessin hin gehen (Arg. 2,198) etc. *Dies begegnet hin und wieder schon im* 13. *Jh., vorzüglich in Denkmälern des mittleren Deutschlands. Auch gotisch findet es sich,* Joh. 11,19 gaquemun bi Marþan.

*) *besonders missverstanden ist die Stelle* Rois p. 108 E li rei Achis sumunst David, qu' il e li suen venissent od lui en l'ost (: dixitque Achis ad David: Sciens nunc scito quoniam mecum egredieris in castris et viri tui.)

Häufig, und besonders in den Volksepen finden wir od
zur noch intensiveren Hervorhebung des in ihm liegenden Be-
griffs, von dem auch als Präposition (St. Graal b. Ba. 171,38
und noch bei Rabelais) *gebrauchten Adverb* ensemble *begleitet,*
welche Verbindung sich nach Bildung und Bedeutung dem
Deutschen mitsammt *und dem engl.* together with *zur Seite*
stellt. Es begegnet dies ensemble od (o) *nach Verbalbegriffen*
der Ruhe und des Verweilens, besonders aber nach solchen,
die eine Bewegung und Tätigkeit ausdrücken, die von zwei
Personen gemeinschaftlich ausgeführt wird.

St. Alex. 30,5 ensembl' od tei voil estre ib. 43,4. 122,2.
Rol. 3286 Floov. 2151. Chly. 5038 s'il ne s'an vient ansamble
o moi. Rol. 175. 2395. 3936. St. Thom. 2062. Pr. d. P.
1262 aler ensemble o. ib. 1354. Floov. 1698 ansanble ou li
l'anguie. Rol. 502 enmeinet ensembl'od sei 2817. 3196. ceval-
cent .... ensembl' od els XV. milie de Francs. 3019. 3637
2130. 1896 Puis ad ocis Yvoerie et Jvun Ensembl'od els
Gerard de Russillon. 1839. 1805 Ensembl'od lui i durriums
granz colps. Gui d. B. 613 de si pres les suiez que vos isnelement ensamble o aus entrez. Otin 1015. Rol. 2578
Pluret e criet .... Ensembl' od li plus de XX. milie humes.
ib. 1409,10 El plait ad Ais en fu juget à pendre de ses parenz
ensembl' od lui tels trente. ib. 3460. Pr. de P. 318 parler
ensemble o qqn. etc. etc. *Man vgl. das prov.* ensems ab.
Gir. d. Ross. 2860 Menet ensems ab se CC. cuscos. ib. 2696
e ac essems ab si dos efans.

Par.

Par, *prov. ital.* per *geht auf das lat.* per *zurück, dem es*
lautlich, sowie seinem innern Gehalte nach entspricht. Die Form
per *findet sich noch in den* Strassburger Eiden (b. Ba. 3,22),
dem Fragment von Valenciennes (b. Ba. 5,3. 7,6), *der* Passion
(Strophe 2,3. 20₃ 24₁ 45₃ 74₃ 85₂ etc.) *und dem* St. Léger
(6₆. 17₆. 16₄. 20₂ etc. *neben* par 19₆.) *Das Eulalialied hat*
par v. 29.

I.,

1., Das räumliche par *in seiner Verbindung mit Tätig-*
keitsbegriffen, zeichnet die, in einen begrenzten Raum oder Ge-
genstand eindringende, sich hier fortsetzende und an der, dem
Eintrittspunkt entgegengesetzten Seite aus demselben wieder
hervordringende Bewegung.

Chly. 730. Je m'an istrai par cele porte. 957. Par cele
porte s'anfoi. 168. La voiz, qui par l'oreille i antre. 1370.
Que par les ialz el cuer le fiert. 1270. Ou par pertuis ou
par fenestre Verroie volentiers la fors. St. Nich. 108,9 Par
la fenestre l'or getout, Devant lor lit, si s'en alout. Chly.
3353,54 Et li serpanz est venimeus, si li saut par la boche
feus. 6200,01 Et li sauc tuit chaut et boillant Par mainz leus
fors des cors lor bolent. 3558,59 Une cheitive . . . Qui vit
et oi ceste chose Par le mur, qui estoit crevez. 5028,29 Ausi
galope par les tais Com par la voie igal et plainne. 260,61
Apres me repria, que gi Par son ostel m'an revenisse. *Mit
Uebertragung auf eine ethische Spähre*, Bible Guiot 1849 Quant
par lui (sc. le droit) nos covient aler. ib. 1850 Par le droit
chascun s'en ira (*vgl.* Chly. 524. 1705 parmi le voir).

*Mit Erweiterung jenes Begriffs und mit Aufgebung der
Beziehung auf bestimmte Grenzen, bezeichnet* par *den Raum*
durch *oder* über *welchen sich eine Tätigkeit und Bewegung
(ohne Richtungsbeschränkung) erstreckt und verbreitet. Da die
Vorstellungen des sich Erstreckens* durch, *und des sich Ver-
breitens* über *etwas hin sich berühren, so kann je nach Zusammenhang und Verbindung die Präposition in ihrer Bedeutung dem deutschen* durch, über — hin, auf *und* in *entsprechen.*

Chly. 760,61 Eincois erra chascun jor tant Par montaignes
et par valees, et par forez longues et lees, par leus estranges
et salvages. 2670,71 Aus tornoiemenz vont andui Par toz
les cors et par les pais. St. Thom. 733 pur prendre les er-
ranz ki par le chemin vunt. Pr. d. P. 1218. ib. 3560. Chly.
2475. ib. 3335,36 Mes sire Yvains pansis chemine Par une
parfonde gaudine. Gui d. B. 186 Tant chevauchent par
vaus et par puis et par prez. Chly. 2807 Et fuit par chans
et par arees. St. Alex. 77,1 s'enfuit par mer ib. 84,2. St.
Nich. 234 Mariner par la mer passoient. Pr. d. P. 2280. Guill.
d'Engl. b. Ba. 144,21 s'iront flottant par haute mer ib. 149,29
Bible Guiot 2339 les gotieres, qui degoutes par les charrieres.
Otin 723 ib. 687 emperere . . . par sun empire tramet ses
messagers. ib. 711. 1577. poignent par milieu de la prée.
Chly. 2342,42 Et des tapiz font pavemant; Que par les rues
les estandent. Gui d. B. 3044. 3182,83 Et vit assez gisanz
par terre et des ocis. Guill. d'Or. b. Ba. 68,7. Chly. 2407,8
solauz . . . . clarte rant par toz leus. ib. 5440,41 Au main,
quant dex rot alume Par le monde son luminaire. Rol. 2821.
Chly. 1125,26 Or au cerchier par toz ces angles! ib.
1585. 2811 Par les ostex as chevaliers Et par haies et par
vergiers sel quierent. 4807. Gui d. B. 1833,34 Vestus estoit
li rois d'un vermeil paile chier A bendes de fin or par les
costes vergiés. Otin 1551 l'ont a une estache grant lie mult
fort, par les flans, maintenant. Chly. 1138,39 Et molt ran-

dirent grant estor Par tot leanz de lor bastuns. Pr. d'Or.
915 Endeus vos bras li lanciez par les flans. ib. 662 Ele ot
vestu un paile escarimant, Estroit laciè par le cors, qu'ele
ot gent. St. Thom. 2052 par Flandres sun chemin a cuilli.
Chly. 4456 Que par tot cest pais set an, Comant ele
trai sa dame. St. Nich. 196,97 Mult crut toust en grant re-
nommee saint Nicholas par la contree. 652. 1274 Grant duel
aveit par la meison. Gui d. B. 3878 si s'arment tuit par
l'ost. 4134. 4156 Dont oïssies par l'ost itele melodie. Rol.
2531 Par tuz les prez or se dorment li Franc. Gui d. B.
1049,50 Jl a XXVII. ans acomplis et passés Que je ne jui
en sale ne en palais pave, mes par chans et par terre et par
vaus et par pres. Bible Guiot 933 Molt en voi de desme-
surez par ces chastiax par ces citez. St. Alex. 19,3 larges
almosnes par Alsis la citet donet as povres. Rol. 2850.
3982. St. Thom. 1101. 1113. Gui d. B. 1201 Et cil se sont
assis belement par les trez. Otin. 2125 Par ses chastiaux
s'est Karles reposé, Gui d. B, 309 Lors dient par la terre :
Li mondes est finez. St. Thom. 4077. Par france l'apellouent
felon et traïtur. Rol. 1521 Sire est par mer de III. C. drod-
munz. Otin 1306. Chly. 3306,7. ib 5637,38 St. Nich. 414—
17. ib. 646,47 Jssi perdi l'en longement Par la citié tel oignement. Chly. 1132,33 Et parmi les paroiz feroient Et par les
liz et par les bans. ib. 5626,27 L'un en aert et si le sache
Par terre ausi com un moton. Rol. 2660. St. Thom. 1318.

Vgl. das prov. Gir d. Ross. 421. 675. 1710. E son plus
acorsat que sers per plas. 680. 2864. Pogero en la sala per
escalos ib. 1224. 1296. 2745 Lhi mes tota la lansa per la
corana. 1527..610. 598 trobaran de l'erba per lo cambo
1267. 1530. 1272.73 ost que vei ajostada per est pais E per
pus e per plas e per defes b. 1312 L'abas fetz far los lihs
per lo palaitz 1648. 705 975 Respondo per la cort tub li
baro etc. etc.

*Das Lateinische geht dem Altfranzösischen in gleicher Ver-
wendung der Präposition voran vgl.* Enn. Annal. 5,19. Hor.
Epist. 1,1,46 Per mare pauperiem fugiens, per saxa, per ignes.
Plaut. Cist. 5,1 homines fabulantur per vias, mihi esse filiam
inventam. Liv. 1,9 Invitati hospitaliter per domos. Plin.
19,30 Nascuntur in Balearibus ac per Hispanias. Tacit. Ann.
12,12 per illas gentis celebratur. Virg. Aen. V, 837 fusi per
dura sedilia nautae.

II.,

1, *Auf temporale Beziehungen übertragen, bezeichnet
par das Durchlaufen und sich Erstrecken einer Tätigkeit durch
einen Zeitraum, der durch eine direkte Zeitbestimmung, oder
seiner qualitativen Erfüllung nach ausgedrückt sein kann;.in*

ihrer Bedeutung entspricht dann die Präposition meist dem nfrz. pendant *und dem deutschen* während.

Chly. 1785 Et cele revint par matin. St. Nich. 156,57. ib. 147. 356. 1164,65. Pr. d'Or. 43. Otin. 1335 nostre emperere s'est par matin levez. Gui d. B. 3201. 3217. Rol. 667 Par main en l'albe.[1]) St. Nich. 218. Lor ostes par nuit les oscit. 515. 1090. Gui d. B. 1604 ib. 4072. Rol. 2635 Par la noit la mer est plus bele. Otin 2121. Bible de Sap. b. Ba. 91,7 Par quinze jors chele joie dura. Pr. d'Or. 939 Que par St. Pere! se ge vif par aé *(wenn ich noch eine Zeit lang lebe)* Molt richement vos iert guerredoné. St. Thom. 1472 Mes rentes ad koillies tutes par plusurs aunz. Chly. 4840—42 Pucele an bois et sanz conduit Par mal tens et par noire nuit. Gui d. B. 186,87 Tant chevauchent . . par pluies, par bel tens et par cler. Mont. I, 259 Jl ne peut estre induict à aller la teste couverte par froid, orage et pluye qu'il feist. Villeh. b. Ba. 216,40 *(1. Aufl.)* Einsinc dura li estors par VII jors. Ch. d. Sax. II, 105 Par un juesdi matin, ore que prime sone, Ezvos un chevalier qui à force esperonc. Berte L. Ce fut par un lundi, au chief de la semainne. Joinv. p. 118 par trois samedis. *Sehr deutlich noch zeigt sich die räumliche Uebertragung in Verbindungen wie* Chly. 2379,80 Bien veigne par cent mile foiz Li rois, mes sire . . . 4859,60 Que par troiz foiz molt longuement, Sona li corz et haudement. St. Thom. 1274 Par dous feiz i fu pris, sil leissa l'om aler (sc. le sengler), Joinv. p. 86. ib. p. 102. Marot: par maintesfois (Arch. 29,198). Cov. Viv. 1396 1483. 1552 etc. *wo die Tätigkeit als sich durch verschiedene zeitliche Momente erstreckend, diese gleichsam durchlaufend gedacht ist. Auf der Vorstellung des Durchlaufens beruht der Gebrauch von* par *bei der Bestimmung von Jahreszahlen* Joinv.

---

[1]) *Vielleicht liesse sich hierher das adverbiale* aparmain *ziehen, welches man sich so entstanden denken könnte, dass zu dem formelhaft gewordenen Ausdruck* par main, *in welchem* par *nicht mehr deutlich fühlbar ist, und der nur den Begriff des* früh, *bald repräsentiert, noch das zeitbestimmende* à *tritt, um mit jenem ein temporales Adverb* aparmain *zu bilden, im Sinne von* [zu früher stunde, bei zeiten, woraus sich dann weiter entwickelt die Bedeutung: bald] *sogleich. Für den Bedeutungsübergang kann man vergleichen das* lat. mature, *welches auch* frühzeitig, bald, schleunig heisst. Gui d. B. 2039,40 Quant . . . vos verrés les pans (·parois) de la sale verser, Adonques à par main vos espoanteres. Floov. 1343—45 Au plus tost que poroiz vïande m'aportez: Mes cors mou s'esfloibie de cou qu'ai géuné! — Sire ce dit Richiers, aparmain an aurez. . . . *Wenn man nicht vorzieht, darin eine Zusammensetzung mit* manus *zu erblicken, gleichsam* ad per manum, *analog dem gleichbedeutenden* demanois (de manu ipsum). *Jedenfalls ist* aparmain *nicht mit* apermesmes *etc. zusammenzuwerfen, wie Burguy II, 275 es tut, sondern als selbstständige Bildung von jenem zu trennen.*

p. 76 A Pasqnes en l'an de grace que le milliaire courroit par mil deux cenz quarante et huit, mandé-je mes hommes. Mém. hist. sur la ville de Poligny II, 629. L'an de grace N. S. J. C. qui corroit per mil et dous cent sexante sex le lundi apres les octaves des apostres (Burguy II, 587) Romvart p. 365 Ce romanz fu faiz l'an de graice nostre signour qnant li milliaires corroit par mil CCC. et vint et quaitre le samedi apres le saicrement. Par *bezeichnet in diesen Fällen die Gesammtheit aller bis zu einer gewissen Zeit verflossenen Jahre, welcher Zeitabschnitt nun wieder als von einem Zeitbegriff* milliaire *durchlaufen erscheint. Das auffallende der ganzen Ausdrucksweise und die Schwierigkeit sie zu erklären liegt in dem Worte* milliaire, *welches wahrscheinlich hier als* Zeit *überhaupt, und im allgemeinsten Sinne aufzufassen ist. Eine überraschende Analogie zu der dem Ausdruck zu Grunde liegenden Anschauung, bildet ein Vers in* Shakspeare's Macbeth I, 3 *(am Ende)* Come what come may, Time and hour runs through the roughest day. —

Chly. 1311 Qu'il (sc. ces genz) se departiront par tens. ib. 4398,99 S'un po eussiez plus este, Par tans fusse charbons et cendre. *Dieser dem Altfrz. geläufige (im Nfrz. aber verloren gegangene) Ausdruck* par tans *im Sinne von* bald (bientôt) *ist die genaue Wiedergabe des* lat. per tempus. = mature, temperi b. Plaut. Bacch. 4,7,3. *vgl. noch* Pr. d'Or. 210,11 Or ne quier mes porter escu ne lance se ge par tens n'i port ma connoissance. ib. 292 Se ge ne l'ai par tens perdrai la vie ib. 1808. Otin. 1373 Par tans seras honiz et vergondez. ib. 1876 Par tens morrez de male destinée. Floov. 1093. Jean Bodel b. Ba. 314,11. Mätz. A. L. I, 40 u. p. 10. Quesnes, Romancero p. 110 Vous en saurez par tens la verité. *Diese Verbindung kann auch distributiven Sinn annehmen, wie* par *ja überhaupt ein solches Verhältnis ausdrückt vgl. unten* III, 8.

Man vgl. das prov. Gir. d'Ross. 1366. Quatortse jours per chaut, XV. per freh .... ib. 1287. Que seran be C. M. per doas fes. ib. 6695 dompna que nasquet per tal nuh en Besleen. etc.

Die Verwendung des lat. per *in der gleichen Weise ist bekannt.* Cic. Cat. 3,8 Per decem dies ludi facti sunt. Plin. 2,11,7 Per noctem cernuntur sidera. Liv. 8,13. ib. 2,18. per ludos. Cat. R. R. c. 5 per auctumnum, c. 53., c. 17,2 per sementim primum incipiunt maturae esse. ib. c. 2. etc. b. Holtze Synt. prisc. p. 214. Per *mit* vices *ist im Mittellateinischen häufig.* Murat. I. p 247 Modo per tres vices nostri presentia adessent. Diplom. med. aet. p. 76 Unde et ipsi monachi ante nos per plures vicibus advenerunt. Lex sal. p. 138 per singulos vices.

Auch das Angels., Halbs., Alt- und Neuengl. brauchen
þurch, through *zum Ausdruck von Zeitverhültnissen.* Cod.
Exon. 48,26. Laʒam III, 282. Wright Pop. Treat p. 132.
Sherid. Riv. 1,2. cf. Mätz. l. c. *Durch in dieser Bedeutung ist*
auch dem deutschen nicht ungeläufig, in über *(ʒ. B. Nacht)*
während *(ʒ, B. des Tages) ist man von andern Grundan-* •
schauungen, die aber jener sehr nahe stehen, ausgegangen.

III.

Dem lat. per *folgend, teilt das altfrʒ.* par *dessen viel-*
seitige Verwendung in seiner Uebertragung auf das ethische
Gebiet, hier bald kausale, bald modale Verhältnisse und Be-
ziehungen zum Ausdruck bringend. Gegenüber dem freien Ge-
brauch der Präposition auf diesem Gebiete in der alten Sprache,
hat dieselbe im Neufrʒ. verschiedene Einschränkungen in ihrer
Verwendung erfahren.

1., Als übertragen von jenem oben I, 1 *behandelten räumli-*
chen par, *zeigt sich die Verwendung der Präp. bei Begriffen per-*
sönlicher Wesen in Beziehung auf Tätigkeiten, welche, um sich
zu vollziehen, jene gleichsam durchlaufen, durch jene hindurch
gehen müssen, und so die betreffenden Personen teils als Ver-
mittler, teils als direkte Urheber dieser Tätigkeiten erscheinen
lassen. Chly. 742,43 Sire, fet il, or aiez pes! Que ja par moi
nus nel saura. ib. 4725,26 ib. 2150,51 Par la main d'un suen.
chapelain Prise a (sc. Yvains) la dame de Landuc 2768
Ma dame, ainz te mande par moi, que. Rol. 2319. ib. 3699.
Chly. 2771. St. Thom. 937. Gui d. B. 68. ib. 3136 Jl vos
mande par moi salus et amistiés. St. Thom. 1690. Le jur
unt tut lur plé par emparlers tenuz. Chly. 4363 Mal ait, par cui
nos la perdrons. ib. 5879. Que par lui desresnier voldrait
La querele. St. Alex. 62,5 d'icel saint home par cui il guari-
ront ib. 66,5. 101,4 quer par cestui avrons bone adjutorie.
107,5. Rol. 395. St. Thom. 1069 Par sa légaciun defendre
lui ferra. ib. 142 Ci la purreiz par mei plenerément oir. ib.
2234 Par mei n'aura nul d'els de desraisum poeir. ib. 1031,
32 Par l'évesqne Rotrout . . . . ses bres à l'Apostoile li bon
prestre enveia.

2., Besonders ausgedehnt ist der Gebrauch der Präposition
bei Verbalbegriffen im Passiv, wo par, *indem es das ins logische*
Subjekt des Passivs umgesetzte grammatische Subjekt des Aktivs
einführt, eine Person direkt wirkend, als Träger und Urheber
einer Tätigkeit erscheinen lässt. Die hier auftretenden Tätig-
keitsbegriffe können verschiedener Art sein, meist jedoch stellt
sich in ihnen das logische Subjekt in productiver Betätigung
dar. Par *ist in diesem Falle im Altfrʒ. fast synonym mit dem,*
den Ursprung anzeigenden de; *Im Nfrʒ. kommt* de *vorzugs-*
weise bei solchen Verbalbegriffen in Anwendung, die keiner

*äusseren Vermittlung bedürfen, insofern sie innere Verhältnisse,
als Gemütstätigkeiten, Gesinnungen Affekte etc. ausdrücken.
Dem Altfrz. ist diese Scheidung der Funktionen beider Präpositionen unbekannt. Die alte Sprache gebraucht, in Uebereinstimmung mit dem Nfrz.,* par *allerdings mit Vorliebe für
nach aussen hin sich geltend machende Tätigkeiten, wendet dasselbe aber auch zur Bezeichnung von Beziehungen an, wo die
neue Sprache nicht gut der Präposition* de *entraten könnte.
Es hängt von der jeweiligen Vorstellung ab, das Bewirkende
als das Vermittelnde, oder das Vermittelnde als das Wirkende
selbst aufzufassen. Für den nfrz. Sprachgebrauch vgl.* Mätz.
Synt. I, 210. sqq.

Floov. 1807 No sarai quenéue (=connu) par nul home
vivant. Bible Guiot 1410. Que ja par aus ne fust enquis
Dont il venoit ne où fu pris. Chly. 5127 Que ja par toi
n'iert reconté. Vrai aniel 218,19. Thom. 1836. Chly. 1233
Ja voir par toi conquis ne fust Mes Sires. Pr. d.P. 2363.
ib. 1420. Chly. 1760,61 „Viax tu don", fet ele, noier que
par toi ne soit morz mes sire? Gui d. B. 4272 Ainques non
fu par vous teste du bu copée. Chly. 1633,34 ja par celui
... nen iert escuz ne lance prise ib. 3201. Otin. 1508 Jamès
par home ne fust medecinez. ib. 1159. Chly. 993. 6584 Que
ja par aus soit desfandue la fontainne. St. Thom. 2365
altrement ne fussent destreint par le clergié. ib. 2363. Pr. d. P.
138. ib. 1667. Chly. 3602,3. St. Nich. 597. St. Alex. 121,1
Par cel saint home sont lor anemes salvedes. Otin. 387 Ja
par vos mais n'ert tenue cité. St. Thom. 799. Ke l'Aïde al
Veskunte est par les kuntez prise. St. Thom. 2220 par els
seit amendé. ib. 2222 Par els seit adrescé jugé et achevé.
Chly. 5936—39. ib. 4633 que ja par li ne soit seu. Pr. d.P.
2287 par tous siens homes e mout bien obeï ... Otin 949
Ke par III. humes est si grant gent hunie? Rol. 1927. St.
Thom. 1495 Ne fu més par les soens nuls hom si avilez!
Pr. d. P. 132 Quant par si feite giant nous somes deceüs.
Gui d. B. 3480 Par lui sui ge traïs. Couci I., Amer toute la
meillor qui soit par les bons louée. (L)
Vgl. das prov. Gir d. Ross. 596. ib. 1419. 756. 1509.
Auch im Lateinischen wird per *in diesem Sinne verwendet*
Cic. de Or. 1,9 Plura detrimenta publicis rebus, quam adju-
menta per homines eloquentissimos importata. Cic. Rosc.
Am. 51,149 Quae domi gerenda sunt, ea per Caecilium trans-
iguntur. C. Cluent 23. Hae isindiae Avito ab Oppianico
per Fabricios factae sunt.
Dem par *analog, verwendet auch das Altengl.* sein *thrughe
und das Halbs. und Angels.* þurh, *während im Neuengl.
dem frzös.* par *beim Passiv des Verbums die Präp.* by
gegenübersteht. vgl. Town. M. p. 282 This dede Thrughe God

is done. Cov. Myst. p. 156. *halbs.* Laʒam. III, 192. *Angels.*
Sax. Chr. 104. cf. Mätz. l. c. II, 326. *vgl.* got. þairh, Lucas
18,31 jah ustiuhada all þata gamelido þairh praufetuns bi
sunn mans ib. Math. 8,17.

3., *Hieran reiht sich eine dem Altfrz. eigene Verwendung
der Präposition bei Tätigkeitsbegriffen in Verbindung mit dem
persönlichen Fürwort.* Par *(dem Sinne nach in den meisten
Fällen dem Nfrz.* pour *entsprechend) dient zur Einführung
einer Person, auf welche die Vollziehung einer Tätigkeit sich
erstreckt. Mit intensiverer Hervorhebung des persönlichen Begriffs (d. h. mit Ausschliessung des Eingreifens oder der Betätigung anderer Personen) lässt die Präp. die Handlung
als auf diese Person sich beschränkend, als durch diese
selbst und für sich allein ausgeführt werdend erscheinen. In
derselben Weise finden wir die Präp. dann auch bei Verbalbegriffen, die einen blossen Zustand, ein sich Befinden
oder einen Besitz ausdrücken, in welchen Fällen angedeutet
werden soll, dass das von dem Verbum ausgesagte sich nur auf
die von* par *eingeführten Personen erstreckt, sich gleichsam über
dieselben verbreitend. Die Ausdrucksweise, welche sich noch
bei* Moliére *und* La Fontaine *findet, ist die genaue Wiedergabe
des schon in der classischen, mit grösserer Ausdehnung aber
in der späteren Latinität auftretenden* per se, per te *etc. Analog diesem Gebrauche von* par, *den auch das Prov. zeigt, ist
das deutsche* bei, *für sich das Halbsächs. Alt- und Neueng-
lische* by himself.

Chly. 1242,43 Ensi tot par li se combat (sc. la dame)
Ensi tot par li se confont ib. 1773 Ensi par li meisme
prueve (*vgl.* Cic. Fin. 2,15,15 ipsum per se) ib. 1777 Ensi
par li meismes s'alume ib. 2454,55 Et la dame tant les
enore, chascun par soi et totz ansanble. *Wahrscheinlich ist
auch* Chly. 6206 par *für* por *zu lesen* Et puis panse chascuns
par lui, C'or il a son paroil trove. Bible Guiot 1337 Chascuns fet par lui sa cüisine. Romv. p. 315 Tout ensi la
roïne par soi se dementa. Rol. 3065 Cil sunt par els en
un val suz un tertre. Jubinal Nouv. Rec. I, 279 Et Felix
li sains home par li demora. Benoit v. 28242,43 Eissi
s'en sunt li trei conrei Tuit devise, chascon par sei (B).
Roncev. p. 199 Jl (Judas) reconnut son tort, si se pendit par
soi. (L.) Cont. et Fabl. III, 261, Et la dame qui moult fu
sage dit par so qu'en apres veut aler . . . (b. Gachet.) Froiss.
I, I, 131 Et tenoient leur tinel chacun par luy. Bible Guiot
1330 Chascuns a sa meson par lui. ib. 1802 Rien ne doivent
avoir par els *(für sich).* Rom. de Mahom: Baron, chevalier
furent par aus, et li vilain de l'autre avoient liu. Fabl. de
Coquaigne v. 37 Par les rues vont rostissant Les crasses oes
et tornant, Tout par eles . . . b. Roquefort, Gloss. s. v. *vgl.*

auch Rabel. Garg. 50, p. 90 *Zeile 11. v. u. — Wie die persönlichen Pronomina* moi, toi, soi, vos *im Altfrz. häufig durch das sinnlichere und intensivere* mon, ton, son, vostre cors *umschrieben und vertreten werden (vgl.* Gui d. B. 1430. 2222. 2264. 3978 etc.), *so sehen wir auch die Präposition, in Verbindung mit diesen letzteren, die oben besprochene Beziehung zum Ausdruck bringen.* Fergus p. 142 Z. 32 Seul par son cors combattoit. Gui d. B. 48. Damedieu me confonde ... se je ne vos prenoie par mon cors prisonier. ib. 2308 Teus X en ociroie par mon cors seulement etc.

Vgl. prov. Daude de Prad. b. Ba. 173,31 en rams foillatz fass' aportar cascuns per si ab gent anar. *Für das Lateinische* cf. Hor. Epist. I, 17,1 Quamvis, Scaeva, satis per te tibi consulis et scis. Liv. I, 216 Cognitiones capitalium rerum sine consiliis per se solus exercebat. Cic. Fin. 2,15,50 Jpsum per se, sua vi, sua natura, sua sponte laudabile. *Vgl. auch das Halbsächs.* Laȝam III, 106. *Altengl.* Maunde v. p. 194. *Neuengl.* Coop. Spy 5 The prisoner was placed in a room by himself.

4., Par *in Verbindung mit konkreten Sachnamen, sowie Substantiven abstrakter Natur lässt diese erscheinen als das zum Zustandekommen einer Handlung nötige Durchgangsmittel, oder als Werkzeug, durch dessen direkte Betätigung etwas bewirkt wird.*

Chly. 5276 Si fust quites par ceste rante. 6189,90 Li dui, qui se conbatent, Que par martire enor achatent. 38,39. St. Thom. 280 Ki voelent el mund par lur aver munter ib. 2300. Bible Guiot 2567. Rois I, 28 p. 109 Quist de nostre Seignur conseil, mais respuns nul ne l'en fist ne par sunge, ne par pruveire ne par prophéte (et non respondit ei neque per somnia neque per sacerdotes, neque per prophetas). ib. femme ki .... par sun devinement seust cume la bataille se prendreit. Rol. 2529,30 Par avisiun li ad anunciet Une bataille ki encuntre lui ert. St. Nich. 420,21 Ceo fu Diane qui la gent Deceit par son enchantement. St. Thom. 1448 Mes par teu serement quida Deu enginner. Vrai aniel 50. par l'aniel fust garis. Chly. 4872 Ensi asena au chastel par la voiz, qui l'i amena. ib. 3300,01 Et par foi et par seiremant et par ploiges l'en fist seure ... que toz jorz mes pes li tanra. ib. 3304,5. St. Thom. 1776. ib. 1849. Otin. 1593. ib. 1391 Filleoil, dist il, par cest gant la tenez (sc. la bataille). ib. 346 gardez par armes. Gui d. B. 2303 Mes j'en ai pris bataille ... par armes voirement. St. Thom. 520 Par l'abit vout kovrir ço k'el quer out planté. Chly. 1097,98 Les portes par coi maintes genz furent mortes. ib. 3229 Onques ne fist par Durandart Rolanz des Turs si grant essart en Roncesvax. Chly. 6091 N'ainz nel apela par son

non. ib. 6257. 4607. St. Alex. 43,5. St. Nich. 59. 481. 119.
Gui d. B. 1065 Olivier de Viane a par non apele. *Otin 1730.*
In welchen Füllen der Name mit, bei welchem man Jemand
ruft, wol besser als das Mittel aufzufassen ist, denn als die
Bezeichnung in Gemässheit welcher ich mich an Jemand wende,
vgl. noch St. Nich. 186,87 Donc s'en vint al ostiel corant,
Son fil par son non regretant.

Als ein die Tätigkeit vermittelndes Glied erscheinen auch
die mit par *eingeführten Gegenstände und Begriffe an denen*
etwas erkannt, wodurch etwas erfahren und gewusst wird. Chly.
2902 Par la plaie l'a coneu. ib, 6659. Berte LXXVII, bien
sai que par mes piés connetles serons (L) Chly. 4611,12 Dame,
par ce savoir poez, que je ne sui gueres renomez. ib. 3054,55
Cuidier li fist par ce sanblant, qu'ele de lui rien ne seust.
Rol. 1772. *Es sind hierher auch zu rechnen Verbindungen*
wie Phil. de Thaun b. Ba. 77,10 *(1. Aufl.)* par sa (sc. de
la pucele) mamele entent sancte eglise ensement; e puis par
le baiser . ., *in welchen Fällen* par *den Gegenstand bezeich-*
zeichnet, der sich zwischen dem zu erkennenden Objecte (hier
sancte eglise*) und meinem Erkennen befindet, um so letzteres*
zu vermitteln.

Bei Verbalbegriffen des Anfangens und des Endigens steht
par *in demselben Sinne,* Bibl. Guiot. 2581 Et par ce com-
mence leur non. *(Lat. aber* initium facere a re aliqua *mit an-*
derer Grundanschauung).

Deutlich als das Mittel stellt sich der Gegenstand, die
Sache dar, bei Tätigkeitsbegriffen des Ergreifens, Fassens,
Reissens, Haltens, Führens etc. Gui d. B. 1400 Le saisi par
la barbe dont li peus est mellez. ib. 2716 par la resne le
tire (sc. le destrier). Chly. 1964 Maintenant par le braz le
sache. Pr. d. P. 1345. Chly. 2244 L'escu a pris par les
enarmes. Floov. 1851. 2013. Rol. 2706. Pr. d. P. 482.
Chly. 2249 par les quamois les tienent. ib. 3344. 3379. 3296.
Rol. 2707. Chly: 344,45. Rol. 2586 Par mains le pendent
desur une culumbe. Otin. 1738,39 Par les espaules l'a li ber
acolez. Chly. 1943,44 La dameisele par la main enmainne
mon seignor Yvain. ib. 2269. Joinv. p. 86 Je meismes m'i
fiz porter par les bras.

Das classische Latein braucht in den letzteren Fällen gar
nicht oder seltener per, *sondern bedient sich entweder des in-*
strumentalen Ablativ, (apprehendere, tenere, aliquem pallio)
oder, je nach dem Tätigkeitsbegriffe anderer Constructionen.
Mittellat. trifft man aber auch in diesem Sinne die Präp.
ziemlich häufig, vgl. Lex Saxon. Si per capillos alium compre-

Nel faz, par ma'me. 5218 Mes di moi, par l'ame ton pere.
henderit, 120 solidos componat (G.) Lex sal. p. 73 in carro
aut per caballum ducere b. Pott l. c.

*Auch bei Schwüren, Beteurungen und Anrufun-
gen erscheinen die von par eingeführten Personen oder Gegenstände als die Vermittler für das Geschehen, Gelingen, Zustandekommen einer Tätigkeit oder als Zeugen, durch deren
Anrufung eine Aussage bewahrheitet und bekräftigt werden soll.
Die Gegenstände, bei denen man schwört, sind in der altfrz.
Epik von der mannigfaltigsten Art, so werden nicht nur Gott,
Christus, die Trinität, die Heiligen, Apostel, Reliquien, das
Christenthum, die Religion etc. angerufen, sondern auch Personen, Teile des Körpers, Gegenstände der Bekleidung etc. etc.
werden herbeigezogen, um aus der unumstösslichen Existenz
dieser, das Sein von etwas anderem zu beglaubigen und zu
bekräftigen.*

Chly. 71. Par deu ib. 83. 190. Pr. d. P. 91 Par dieu
l'omnipotant ib. 261 par Dieu de paradies. 957. Gui d. B. 1055
par cel seigneur qui an crois fu penes. Otin. 217. 1446.
Huon d. Bord. b. Ba. 185,39. 186,21. 187,14. Otin. 897 Par
cel seigneur qui Deu se fet clamer. ib. 1077. 1283 par cel
Dieu qui vint de mort à vie. Gui d. B. 3177. 2270 par icelui
Dieu á qui me sui donés. Pr. d. P. 384. Mes par cil Sir que
fu ocis en Golgatais, Gui d. B. 440 Par Mahomet mon Dieu.
ib. 540. Floov. 594. Gui d. B. 3383 Par no dieu Apollin.
Pr. d. P. 1499 Par sainte Trenitiés. Bible Guiot 473
Par saint Gile. ib. 1651 par saint Martin. ib. 1071 Que j'en
donrai par saint Pere, Doze feres por un ami. Gui d. B.
2930 Par saint Denis de France. ib. 38. 49. Pr. d. P. 79
Par saint Clemant ne vous en dirai plus. ib. 371 Tout doné
le li auroie, par le cors Saint Tomais. ib. 1559 Par le cors
saint Laurens. St. Thom. 1864 par sein Lazré. Gui d. B.
3243. ib. 1132 par le cors saint Simon. ib. 1076 Mais, par
ce saint apostre c'on quiert en Noiron pré ib. 363. 363 Amis,
car me di, par ta crestionte. St. Thom. 1852. Pr. d. P.
1702 Par sainte crois, Loiaus est Ysores. Otin. 233 Com-
mant as nom, par ta lei, car me dis. Gui d. B. 1263 par
la vertu du ciel. Sf. Thom. 4211 par seinte obédience *(mit
Berufung auf .)* a mandé saint Thomas. Pr. d. P. 521
je te pri e requier, par celle penetance Che notre Sir soufri
Chly. 3467 Et, par la sainte paternostre . Le cuidai
feire et cuit ancor. ib. 4063—65 Quant il ot, qu'ele se reclaimme de par l'ome, qu'ele plus aimme Et par la reine
des ciax. *Ueber* de par *in diesem Sinne cf. unten III, 9.*
Pr. d. P. 2248. Chly. 1267 Par foi, fet il, vous dites voir. ib.
1434. 1704. 1816. 1869. 3578. 5012. 5037. 5160. 6245. 5905. 6702.

ib. 5737. 5218 Floov. 547. Par lou mien esciant, ja ne lor iert ga-
ranz Chatel ne fermetetz, ne lor dex Tavergant. ib. 529. Otin.
201 Par mo conseil, que n'i perdez la vie. Gui d. B. 98 par la
foi que doi au fil sainte Marie. ib. 178. 250. Chly. 579,80
Par mon chief, fet mes sire Yvains, vos estes mes cosins
germains. 5211. 6337. 4177 Cil, qui t'anvea ca, Ne t'amoit
mie par mes ialz! St. Thom. 814. Pr. d. P. 978. Rol. 48.
ib. 1719. Gui d. B. 132. ib. 52. 97. 2712. Rol. 249 Par ceste
barbe e par cest men guernum. Chly. 1928 Si seroiz vos (sc.
an sa prison), par la main destre, don je vos tieng. Rol.
47. Gui d. B. 248 par cele corone dont m'avés queroné. ib.
669. Renart b. Ba. 208,14 „Par voz botes“ ce dist Renarz
qui moult fu plains de males arz, se vos voliez moines estre,
je feroie de vos mon mestre. Rabel. Ptgrl, IV, 2 p. 327
Z. 22 je vous jure par le manche de ce fallot. Ib. IV, 42.
p. 293. Z. 5 vous jure par l'estoile. *Für weitere Belege vgl.
noch Becker Hom. Bl. p. 224, sowie die Präpositionen* por,
sur, à in ähnlicher Verwendung.

*Neben dem von einer Präposition eingeführten Gegenstand
des Schwures und der Beteurung, steht im Altfrz. nach Vorbild des Lateinischen* (jurare Deos), *derselbe auch häufig ohne
dieselbe im blossen Akkusativ, in welcher Verwendung des casus
obliquus die altfrz. Epik einen grossen Reichthum entfaltet,
und welcher Gebrauch sich noch teilweis im Nfrz. erhalten hat,
vgl.* jurer sa foi; morbleu, corps bleu (Nouv. Pathel ed. Muret.
770) ib. 739 sang bien etc. cf. Diez, Gram. II, 492.

Chly. 128,29 Mes foi (*im Sinne von* par ma foi) que vos
devez le rei, le vostre et le mien. 2530. ib. 660,—62 Et fist
trois sairemenz antiers L'ame Uterpandragon, son pere, et
la son fil et la sa mere. Ba. Chrest. 267,43. St. Thom.
1460 1502. 1506. Gui d. B. 215. Rom. de la Charr. 751
Et jure le cuer de son vantre. Gui d. B. 2846 si jura St.
Denis ib. 271 il an jure la crois, par ire, où Diex fu mis.
ib. 1153 id jurent Damedieu. Pr. d. P. 573. 2745. Floov.
186. Gui d. B. 2213 Mahon et Apolin hautemant an jura.
ib. 57. La merci Damedieu, le fil, sainte Marie, il a XXVII
anz qu'en Espaigne venismes. ib. 4279 Apres en a li rois sa
grant barbe jurée. Ch. d. Sax. p. 42 Saint Pere en a jure
. . Pr. d'Or. 1045. Cov. Viv. 582. 901. Rabel. Pantgr. I, 14
p. 141 Z. 31. disant: Ventre Mahom, toute la ville brusle.
ib. Garg XXVII. p. 53. *Z. 10 v. u.* Vendre Dieu, les biens
de l'ecclise? etc.

*Dieser, vom Lateinischen ausgehenden Verwendung der
Präp., welche sich in allen roman. Sprachen erhalten hat, lässt
sich die, des Alt- u. mhd.* durch, *sowie des angels.* þurh *vergleichen. Das Altenglische hat aus dem Altfrz. verschiedene,
formelhaft gewordene Redewendungen dieser Art hinüber ge-*

*nommen, und dieselben noch bis zu Elisabeths Zeit nicht selten
gebraucht. So z. B.* perdy, perde, parde (par dieu) *aber auch
andere* b. Town. M. p. 67. perfay. ib. permafoy etc. b. Mätz.
l. c. II, 479. cf. *auch* Grein, ags. Sprachschatz. s. v. *und* Graff.
„die althochdeutschen Präpositionen", sowie das mhd. W. B.
Für das p r o v. *vgl. man* Gir d. Ross. 1473. 1632. 1168.
1669. 981. 207 Per aquest batistire que vos crezetz, no do(t)
vostre menassa ni no la pretz. ib. 1277. 2921. *Und akku-
sativisch:* ib. 864. 231. 433. 1113 E lo judieus en jura la
soa lei; 579. 1665. 883 Puis a jurat lo reis la sancta crotz
etc. *Der gleiche Lateinische Gebrauch ist bekannt, man vgl.
darüber* Cic. Divin. 2,55. id. Famil. 7,12. Virg. Aen. 12,197.
Liv. 23,9,2. Ter. And. 1,5,54. ib. 3,3. etc. etc.

5., *Die Uebertragung der Präposition auf* k a u s a l e *Verhältnisse lag nicht fern. Sie geschah, indem das Verhältnis,
welches zwischen dem vermittelnden Gegenstand, und dem daraus Resultierenden besteht, aufgefasst ist als das von Ursache
und Wirkung, welches auch insoweit als ein solches erscheinen
kann, als eine Tätigkeit, die eine bestimmte Folge nach sich
zieht, ihrerseits sich als das, diese Folge und Wirkung vermittelnde auffassen lässt, In diesem Sinne steht* par *bei Substantiven abstrakter Natur und Begriffen, die eine Gemüts-
tätigkeit, einen Gemütszustand bezeichnen, welche, insofern nämlich an einen solchen Zustand etc. eine Handlung sich knüpft,
jener zugleich als das, dieselbe bewirkende, oder vermittelnde
medium erscheint. In seiner Bedeutung entspricht dann* par
dem deutschen durch, wegen, aus, vor.

Chly. 2918,19 Mes je ne sai, par quel pechie est au
franc home mecheu. ib. 3534,35 Qui pert sa joie et son solaz
par son mesfet et par son tort. 3062,63. 3553. Rol. 1726
Franceis sunt morz par vostre legerie. St. Thom. 1390 ke
chaskuns pert sa kurt, par un faus serement. ib. 1398. Chly.
4548,49 A sa merci ser andent Par l'aide *(wegen)*, que li a
feite li lyons. ib. 5144. Rol. 2279. 2301. St. Thom. 1488
Arére est en la chaumbre, par mautalent, entrez. St. Nich.
448 l'empereor qui par guerre avoit por poi perdu sa terre.
Vrai aniel 259. Chly. 3394,95 Et tote sa face moilloit de
lermes par humilite. ib. 5979,80 Qui par amor et par franchise se porosfri de mon servise. St. Alex. 32,4 sert son
seignor par bone volentet. ib. 54,5. ib. 72,2. Chly. 6794,96
Ne li sovient de nul anui; Que par la joie *(aus, vor Freude)*
l'antroblie, qu'il a de sa dolce amie. Rol. 1761,62 Li quens
Rollans par peine e par ahan, Par grant dulur, sunet son
olifan.. Chly. 1249 Si le leissent tot par enui. ib. 1706.
6510,11. Que par force et par estovoir li covanroit feire a
li pes. ib. 6386. St. Nich. 498 par enviz en prison mis ib.
1216. Chly. 6416 Qu'ele randist a sa seror son heritage par

peor. ib. 4212,13. Gni d. B. 271. Chly. 4246,47. Otin. 177.
Chly. 6262 Par mautalant et par corroz Flati a la terre
s'espee. Otin. 208 ib. 1374. Chly. 6269. ib. 1710 etc. etc.
Vgl. das Lateinische: Plaut. Aul. 2,1,12 Neque occultum
id haberi neque per metum mussari. Caes. B. G. 2,16 Mulieres
quique per aetatem ad pugnam inutilis viderentur. Cic. Tusc.
4,37 per iram facere aliquid. Cic. Fam. 16,7. Lex sal. per
superbiam aut virtutem. ib. 99 per (=aus) superbiam aut
inimicitiam. ib. p. 91 per malum ingenium b. Pott. l. c.
    *Auch das angels., halbs., altengl. þurh, neuengl. through
hat sich aufs kausale Gebiet übertragen* cf. Grein l, c. s. v.
und Mätzn. Gr. II, 325. *Formelhafte, häufig wiederkehrende
Verbindungen mit* par *in diesem Sinne, wurden vom Altengl.
direkt aus dem Altfrz. hinübergenommen, z. B.* par amoure
(Cov. Myst. 50). par gret druri (Sevyn Sages 1087.) per
charyté (Halliw. Freemas 794.) b. Mätzn. l. c. II, 479,
    *6., Von weiter Ausdehnung ist im Altfrz. der Gebrauch
des* par *zum Ausdrucke des sich Vollziehens oder Zustande-
kommens einer Tätigkeit in* Gemässheit, *nach* Massgabe
und Angemessenheit *einer Sache. Diese freiere Verwendung der Präp. berührt sich noch teilweis mit der räumlichen Vorstellung des Hindurchgehens durch etwas im Sinne
der Vermittlung (welche bald mehr, bald weniger noch fühlbar
ist). Da die hier in Betracht kommenden Begriffe meist abstrakter Natur sind, als Zustände etc. so ist die Vermittlung
keine solche, die durch direkte Betätigung der vermittelnden
Gegenstände statthaben kann, sondern sie geschieht insofern,
als eine Tätigkeit sich vollzieht, gleichsam auf dem wege durch
den vermittelnden Begriff hindurch; wobei das Zustandekommen
der Tätigkeit nun wiederum abhängig gedacht wird von dem
Nebenbegriff des Ausgeführtwerdens in der, jenen Begriffen
angemessenen Weise, in Angemessenheit der denselben eigenen
Sphäre. Ihrer Bedeutung nach lässt sich die Präp., je
nach Zusammenhang und Verbindung im Deutschen wiedergeben durch:* auf dem wege von, in gemässheit von, gemäss,
nach, als. *Es ist zu bemerken, dass in manchen Fällen* par
*sich verschieden deuten lässt, bald in mehr instrumentalem und
kausalem, bald mehr in modalem Sinne, indem sich der mit*
par *verbundene Begriff als der Vermittler, die Veranlassung
und Ursache einer Tätigkeit darstellt, oder als ein solcher, in
Angemessenheit, nach Art welches dieselbe sich vollzieht. Immer
die genaue Grenze zwischen den einzelnen Fällen zu ziehen
ist schwierig, da es dabei viel auf die individuelle Auffassung
ankommt. Man vgl.* St. Alex. 110₂ par penitence s'en pot
tres bien salvar qui at pechiet *(vermittelst Busse, Reue —
auf dem Wege der Busse)* St. Nich. 445 pris par traïson
(vermittelst Verrats — auf verräthcrische Weise, auf dem Wege

des Verrats). Chly. 4174 Et cil par son fier hardemant vint vers lui *(aus, vor grosser Kühnheit — in einer seiner grossen K. gemässen, entsprechenden Weise).* Rol. 674,73 Guenes i vint, li fels, li parjurez, Par graut veisdie cumencet à parler *(aus, vor — gemäss, nach Art von)* vgl. Gui d. B. 2293 etc. Chly. 4757—59 Qu'ele avoit en mainte meniere et par amor et par proiere essaie mon seigneur Gauvain ib. 4773— 75. St. Alex. 41,4 Jl me prendront par pri ou par podeste. ib. 113,4. St. Nich. 224,25. Rol. 1575. Rol. 3987. St. Thom. 1222. sudust tut le mund, et par buche et par dun. ib. 1374. Et prelaz et baruns par ban i fait venir. ib. 2215. Chly. 5758,59. ib. 4213. 6377—79 Qui sa seror a fors botee De sa terre et deseritee Par force et par male merci? 5083. Rol. 1627. St. Thom. 351 Par assaut prist chasteus. Gui d. B. 67. ib. 86. 521. 3508. Chly. 4736,37 Et Lanceloz par traison Estoit remes dedanz la tor. 3062,63. Rol. 2243 Par grans batailles e par mult bels sermons cuntre paYens fut tuz tens campiuns. ib. 1611. St. Thom. 2231. Chly. 3575. ib. 5848—50 La querele Eust desresnie quitemant Par reison et par jugemant. ib. 5458. 6088. Bible Guiot 1017. Gui d. B. 1140 Phil. de Thaun b. Ba. 77,33. 78,26 *(1. Aufl.)* Chly. 6053 cez, qui tuit son suen par droit. Bibl. Guiot 606 par ordre *(der Ordnung gemäss)* St. Thom. 824. Chly. 6676 par verite le puis vos dire *(als wahr, wahrheitsgemäss), so ist wol auch 3396* par verite *zu lesen statt* por verite. *(Oder es müsste das gleichstellende* por *scin, wie in* por voir. Chly. 3989. 5997 etc. St. Nich. 560 Mes tant pur voir dire poon, *für, als wahres; daneben auch* par veir, Rol. 87.) Mätz. A. L. 39, 13 p. 66. Gui d. B. 359. ib. 2129. Huon d. Bord. b. Ba. 190,36. Rom. d'En. ib. 119,20. St. Thom. 952 et il l'avoit servi par mut grant léauté. St. Alex. 6,1 Tant li preierent par grant humilitet. Gui d. B. 1994. Par le mien esciant, il se sont ja mellé. Rol. 1791. Otin. 798. Floov. 522. Pr. d. P. 2298. ib 541 se nul s'en veut issir par buene concordance. St. Nich. 68,69. Phil. d. Thaun b. Ba. 78,28. 77,23. 80,15. Vrai aniel 153 Deus aniaus fis faire sifais par senblant, de fausse despoisse. Chly. 486 par sanblant come lions ib. 6187. ib. 6338. 2090 quant ma dame se maria . . si le fist ele par voz los. 5154. 3644,45 Par l'amonestement de moi Ma dame a seignor vos receut. ib. 4358,59 Par son consoil nos revestoit Ma dame de ses robes veires. St. Thom. 1804. St. Alex. 5,4. Rol. 246. 3078. ib. 1709 Mais ne l'ferez par le men loement. St. Nich. 314 Par cel covant le recevrai. 318. Bibl. Guiot 992. St. Nich. 299—302 Car par mesure le portons; par mesure est recetlz (sc. le blié) ib. 323 Par conte ont rendu e par taille. Bibl. Guiot 2567. ib. 633,34 Un art font qui mentir ne puet *(sc. den Kompass)*

Par la vertu *(gemäss der ihm innewohnenden Kraft)* de la maniere. ib. 1297—99 Jl (li cloistrier) vuelent saisir et prover qu'il doivent tot pranre et avoir ou par aumosne *(in der Form von, als)* ou par avoir *(in der Form sonstiger Habe).* Gui d. B. 1140,41 Si en faites livrer (sc. la vitaille) à vostre ost par raison, si que povres ne riches n'an ait que par *(als, zum)* don.

7., *Von diesem Gebrauche ausgehend war nur ein kleiner Schritt zu der noch freieren und allgemeineren Verwendung der Präposition zum Ausdruck der Art und Weise, in welcher eine Tätigkeit sich vollzieht.*

Chly. 1938,39 Et parole par coverture *(verdeckter Weise)* de la prison, ou il iert mis. ib. 4870 Ensi par avanture *(zufällig)* asane au chastel.[1]) ib. 5097. 3020. 6093. St. Thom. 2314. Pār beau latin ades ad chescun point solu. Rol. 1724 Kar vasselage par sens nen est folie. ib. 977,78 Greignor fais portet par giu *(zum Spass, im Scherz)* que quatre muls ne funt, quant il sumeient. Gui d. B. 3528 ib. 3428 Laissiés me à Escorfaut parler par avenant. ib. 3649. Cor. L. 2110 Sil saluez par bien et par amors *(in liebevoller Weise).* Rénart I. p. 93 Par certes n'en irez mie (B). Gui d. B. 3847 Li traïtor retornent . . . qui ains ains, qui miels miels chevauchent par estrif, *(im Sinne des sonst üblichen* à estrif = avecvitesse*).* Chly. 6445,46 Lors sont desarme li vasal, si s'antrebeissent par igal *(auf gleiche Weise).* Lois de Guill. pag. 184,36. *Man kann jedoch auch* par igal *im Sinne von* tout à fait égal *auffassen, dem lat.* peraequalis *entsprechend* cf. *unten* III, 10. Comin. VI. 13 Et par ainsi n'estoit point sans peine en cette maison de Bourgogne ib. VI, 6 bei Geijer l. c. 77. *Man vgl. das lat.* Cic. Verr. 2,1,60 Per jocum et per ludum. ib. 2,5,70. Cic. Famil. 2,6 Non dubitavi id a te per literas *(brieflich)* petere. id. Rosc. Am. 11 Per summum dedecus vitam admittere etc.

Hierher gehört auch das adverbiale par nom *prov.* per nom *im Sinne von* nominatim. T. M. 59,26 Que li cuens n'a si trespoure garcon, Ne seneschal ne nul de sa maison qui ne li ait fiancie tout par non *(ausdrücklich)* qu'il

---

[1]) *Häufig wiederkehrende Verbindungen wie* par force, par avanture etc. *sind vom Altenglischen aus dem Französischen direkt hinübergenommen worden und haben sich teilweis noch in der neuen Sprache erhalten.* Chauc. C. T. 14019 Him Happede, per chaunce. Town. M. p. 294 Per adventur it may betyde. Alis. 2836 The gate parforce up he brak. *Die Verdopplung* force perforce. Shaksp. Henry II, IV, 4,1. The king that loved him, as the state stood then, Was force perforce compelled to banish him. *Neuengl. noch* perchance, per haps, percase, peradventure, perforce. cf. Mätzn. Gr. II, 479 etc.

garderai si a foi le dongon que hom(e) estrange(s) n'i metra
le talon. Phil. Mouskes 23911 Et furent bien par non XX.
mile. ib. *in d. Hdschr.* p. 114 Pape Andrins el roi Carlon
se plaint de Didier par non. (L. s. v. nom) *vgl. das prov.*
Gir d. Ross. 2875 E Karles juret dieu cui es lo tros, qu'el
confundra coartz et cogonutz, E Girart tot per nom e sos
glotos. b. Ba. Chrest. 295,33 si aquela persona a cui el
laisset sa honor dira per non per que lo mortz desheretet
son fil. cf. *auch* Raynouard IV, 320.

Auffällig ist die altfrz. adverbiale Redewendung par nom
de, *die sich zweimal im* Chanson de Roland *findet.* v. 43 En-
veiuns i les filz de nos muillers, Par num d'ocire i enveierai
le men. ib. 149 Par num d'ocire i metrai un mien filz.
Gahet l. c. p. 333 *erblickt darin die Wiedergabe des lat.* eo
nomine *im Sinne von:* unter dem Vorwande. *Diese Bedeutung lässt sich aber an jenen beiden Stellen in das* par nom de
*nicht hineinlegen, da der Zusammenhang einen andern Sinn
fordert.* Littré *gibt in seinem* Dictionnaire s. v. *die Stelle
mit à* condition *wieder, und dies entspräche dem Zusammenhang mehr als* Gachets Uebersetzung. *Man erwartet jedoch
eher eine Bedeutung wie: „mit der Berechtigung, mit dem Zu-
geständniss." Der Hergang ist folgender: Blancandrins, ein
Vasall hes heidnischen Königs Marsilie, rät seinem König,
sich mit Kaiser Karl durch Zusendung reicher Geschenke zu
versöhnen, das Christentum anzunehmen und ihm zum Zeichen
seiner Unterwerfung die Söhne der vornehmsten Vasallen als
Geiseln zu schicken; und fährt fort* Par num d'ocire i envei-
erei le men (sc. fil.) = *auf die Gefahr hin, mit dem Zuge-
ständniss, mit der Berechtigung, getödtet zu werden* (d'ocire =
d'être ocis), *werde ich dahin meinen Sohn schicken. Die Schwierigkeit liegt in dem* nom *und dem damit verbundenen Begriff.
Die ganze Wendung, die sich meines Wissens nur an jenen
beiden Stellen des Rolandsliedes findet, scheint der Rechtssprache
entlehnt zu sein und formelhaften Karakter zu haben. Noch
heute bedeutet* nom *in der Gerichtssprache:* titre en vertu
duquel on agit cf. Littré s. v. 9. *und von dieser Bedeutung
wäre bei einer Erklärung dieser seltenen und seltsamen Redewendung vielleicht ausgehen. Auch das provenzalische kennt
dieselbe* Gir d. Ross 2799. E ditz ... si per nom de ba-
talha no s'escondit, Ja no veira abans I mes complit, Lo
fieu que ten de mi, aurai sazit. ib. 2910 si per nom de ba-
talha no s'en defen etc. etc. *Hier aber kann* per nom de
*nur den Sinn haben: „auf dem Wege von, auf die Art und
Weise von, vermittelst."*

8., *Zur Erklärung des Gebrauchs der Präposition* in
*distributivem Sinne, wie er sich in der classischen Latini-
tät seltener, im Mittellatein aber häufiger findet, müssen wir*

ausgehen von der oben unter III, 3. *besprochenen, und auf dem
lat. per se, te etc. beruhenden Verwendung des par im Sinne
der Ausschliessung. In den obigen Fällen ist eine Tätigkeit
als auf eine oder mehrere bestimmte Personen sich allein erstreckend, und auf diese sich beschränkend gedacht. In unserm
Falle dient die Präp.* zur Einführung eines Begriffs,
der einen Teil ausmacht von einem andern, in allgemeinster
Weise gedachten Gesammtbegriff, welcher seinem Inhalte nach:
Personen, Sachen, ja Abstrakta wie Zeit und Raum bezeichnen
kann. An diesem Gesammtbegriff soll sich nun eine Tätigkeit
vollziehen, nicht aber so, dass sie sich in ihrem Verlaufe sogleich über denselben, seiner ganzen Ausdehnung nach verbreitet, sondern immer nur über je einzelne Teile desselben,
welche von* par *näher bezeichnet werden.* z. B. Rol. 2190 Par
un e un les (sc. douze per) ad pris le barun (Rollanz), Al
arcevesque en est venuz atut. *Der hier auftretende allge-
meine Begriff ist* les sc. douze per, *an diesem soll sich nun
die Tätigkeit des* prendre *vollziehen, und zwar nicht so, dass
sie sich sogleich auf die* douze per *in ihrer Gesammtheit erstreckt, sondern sich immer nur auf je einzelne, ausdrücklich bestimmte Teile derselben verbreitet, nämlich* par un e un *etc.* [1])

---

[1]) *Der Umstand, dass sich in manchen Fällen die Vorstellungen des*
por (pro) *u.* par (par) *berühren, hatte schon im frühen Mittellatein eine
gegenseitige Verwechslung beider Präp. zur Folge, welche Verwirrung
auch in verschiedene altfrz. Texte eingedrungen ist.*

*In Folgendem sind die Stellen gesammelt der nur 2533 Verse um-
fassenden* Chanson de geste : Floovant, *in denen* por *für das etymologisch berechtigte* par *gebraucht ist. Die eine Partikel substituiert sich
der andern nicht nur in rein präpositionaler Verwendung, sondern auch
in Zusammensetzungen, im adverbialen Verhältniss etc. In den meisten
Fällen geht aber in demselben Denkmal das richtige* par *daneben her.*
Floov. 330. Qui por ici passai. 2317. 540 gesir morz por les chans.
861. 1652. fait crier . . . por trestote la vile. 825. Por les degrez de
marbre monterent ou plainchié. 823. 1100. 1902. 1181 li sans saut
por les mailes. 1021 La noise . . . por trestot le païs. 26. por son
non apelez. 136 prist le roi por le pié. 1584. 1698. 2081 (*Aber* par
1851. 2023). 192 saisi lou por la rene et puis por son espié. 822 Et
tindrent Floovant por l'ermin qn'ot vestu. 1658. 819 Jemais por vostre
cors ne saira secoruz. 665. 323 honiz por un sol chevalier. 1171. Onques mais por II homes ne fu tele bataile. 2356. por matinet. 281
por abatise (= aus .) 353 por son ardemant fier. 1038 por mautalent 2231. 2493. 1048 por orgueil. 1696 por itel covenant. 1571.
por devant. 1044. (128. 1787 *aber* par.) 809 974 por desus. 1770
(*aber* par 411). 1898 por delez. 1509 por desoz. 1565 por dejoste. 471
por foi. 655. 904 por cil apostre que pelerins requierent 933. 1090.
300 pormi. 469 Tot pordonez vos soit. 1151. 270 pordu (*statt* perdu?)
1341. 426 Mult por an fu dolantz. 863. 460. 2177. 1728. 711 tant por
se fait fiers. 579 por est si aüreus. *Vgl. dazu noch* Rol. 2153 Ja n'ert
vencut par nul hume carnal. Pr. d. P. 1368,69 Et tant ala ensi pour
vaus e pour rocier e por bois e por voie e ore por sentier. ib. 51.

Otin. Par un e un les feit trebuchier. St. Thom. 3808
Et ço est de la char par parz l'amenuisance ib. 156 Par
lius est menchungiers et saunz plénèreté (sc. ce roman).
St. Nich. 1092 Quant par pieces l'out detrenchie . . . St.
Thom. 3795. si ke par pieces justut ses cors dechai. ib. 800
Si est par doubles soud par les hides assise. Pr. d. P.
2864,65 Ancor fis je par pont (= point *Punkt für Punkt*) a Maozeris
Che cist est cil che vieust a engin sa ville prendre. Joinv.
p. 88 Les fourmens et les orges il les ravoient mis par mon-
ciaus en miles champs. Rabel. Pantg. IV, 43 p. 394 *Z. 8*
Si par cas vent leur failloit. Otin. 187,88 Tuit i morrez à
duel et à haschie; Quar paien sunt par . X foiz XXX mile
à blans haubers, à hiaumes de Pavie. Comm. III, 12 et
tenoit le roi pour homme craintif et estoit vray, que par
temps il l'estoit. Beaum. XXVII, 2 par an. Mont. I, 257 jour
par jour cf. *oben* II, 1 par *zum Ausdruck zeitlicher Verhältnisse.
Das Ital. und Prov. gebrauchen* per *in gleicher Weise.*
Prov. Gir d. Ross. 1255 En un palaitz d'Orlhes dins los
garans Ac peiros vertz e blaus, asis per pans *(schrittweis)*
Man vgl. das Lat. Liv. 1,9 Jnvitati hospitaliter per domos
(Hausweis) Suet. ut per singulos lectos licitatio fieret. Greg.
Tur. 5,29 unam amphoram per aripennem (b. Diez. Gr.) Veget.
de re vet. I. 12 cucumeris silvatici folia per minutissimas
partes concides (G.) Lex. sal. p. 100 per tres mallos. ib. 107
per singula placita. ib. 144 non per stirpes, sed per capita
diridantur. b. Pott l. c. *Ueber das engl.* per day, per sheet
etc. *vgl.* Mätzn. Gr. II, 478.

9., *Wir reihen hieran einiges über das im Altfrz. äusserst
häufige, neufrz. nur noch im Kanzleistil gebräuchliche* de par.
Wir schliessen uns von vorn herein der Meinung an, dass es

5420. Pour la porte entrerent. 1285. 627. se travailoit za e là pour
le lit. Gui d. B. 2516 Que por vostre ranposne m'éussiés decéu? Pr.
d. P. 2472 Trestout furent moult bien servis e aaisiés pour celour de
la vile. 1658. Otin. 79 Ja pur Franceis ne serras atochiez ib. 643 por
li aurez molt riche manantie. Pr. d P. 615 La cambre fut mout
cliere pour la ciere que ardoit. ib. 751. ib. 80 pourcevant (= aper-
cevant.) Rois p. 150. apurtenir. Joinv. p. 136. St. Thom. 2280,81
Joinv. p. 130. *Eine solche Vermischung der Partikeln fand auch statt
in den Verben* porcuidier, porparler, porquerre, porfendre, porlire,
porpenser, porpoindre, *wovon* porpoint, portraitier *die sich in dieser
Form zum Teil noch erhalten haben. Man vgl. dazu das Mittellateinische,*
lex. sal. tit. 24 § 4 si quis ascum de intro clave repositum et in
suspenso Pro studio (i. e. per studium) positum furaverit etc. Murat
tom 8. côl. 110 Et ipsi Brixiensis suspenderunt captos imperatoris
pro brachiis extra palancatum civitatis. b. D. C. s. v. pro, Hist. de
Lang. I, preuv. p. 24 si potebat habere testes pro quibus illas villas
retinere debeat (G.) cf auch Eckhart zur Lex salica. —

sich hier um eine, auf irriger Anlehnung beruhende Vermengung zweier nebeneinander hergehender altfrz. Redewendungen handelt, nämlich der von de part moi etc. *und* de par moi etc. *Eine durch den Gleichlaut beider Wörter teilweis herbeigeführte Anlehnung der Präp.* par *an das Subst.* part, par (Mousk. 17679.). *die um so leichter stattfinden konnte, als eine präpositionale Verbindung* de par *ganz dem altfrz. Sprachgeiste entsprach, (man vgl. noch nfrz.* il vient de chez moi etc.) *und sich auch wirklich findet.* Gui d. B. 970—72 Car pléust ore à Dieu, qui Longis fist pardon Que fuissïés en France à Paris, sa maison, et si fuissent les dames de par tout le roion (= royaume).. Ja vos batroient tant le dos .; *bei* Brantome: une grande dame de par le monde (Arch. 29,201). Et lui firent, faits de par la ville maints présents (Froiss). *und Prov.* Vie de St. Amant: que de per totas parts la fec environnar (Mätzn.) *Für die Herleitung aus* part (*lat.* parte) *ist, abgesehen von der wechselnden Schreibung zwischen* part *und* par, *ein wichtiges Moment der Umstand, dass die Ausdrucksweise sich fast ausschliesslich zeigt in Verbindung mit Begriffen persönlicher Wesen, deren cas. obliq. im Altfrz. die Kraft innewohnte, im Sinne eines possessiven Genitivs, der hier folgen müsste, d. h. ohne die Präp.* de *auftreten zu können. Beide Formen,* de part *und* de par *begegnen, und lassen sich je nach Zusammenhang u. Verbindung im Deutschen wiedergeben durch :* von Seiten; im Namen, im Auftrage von; *oft auch steht* de par *im Sinne des einfachen* par.

Otin. 867 De part Ogier le vos doins e present. St. Thom. 3986 Kar de part l'Apostoille de Rome i sunt alé. Chly. 4063--67 Quant il ot, qu'ele se reclaimme De par l'ome, qu'ele plus aimme, Et par la reine des ciax, De par li, qui est li moiax et la dolcors de piete. 4285,86 Et avoec ce prier vos doi Que vos li dites de par moi. 5021 de par ax le salut. 1804 Mes que de par lui ne remaigne. ib. 4744. Gui d. B. 659 de par le roi de France le me saluerés. ib. 956. 2948. 1650. Vrai aniel 345, Et s'estoit siens de par sen pere. Mätz. A. L. X, 55. St. Thom. 1526. ib. 1851. Rabel. Garg. 42. p. 77 Aidez moi de par le diable. ib. p. 78. Aidez moi de par Dieu, puisque de par l'aultre ne voulez. ib. p. 73. Nouv. Pathelin 635. ed Lacroix *Paris 1859.* (Recueil de Farces). Villeh. b. Ba. 216,14 *(1. Aufl.)* je vos deffant de par l'apostole. etc. etc.*) *Vgl. das prov.* Gir. d. Ross. 1326 de part Girartz mon oncle ib. 1357. 1357.

Dieselbe irrthümliche Verwechslung liegt in dem ähnlichen à par soy etc. *zu Grunde.* Phil. Mousk. 1319 De moy à

---

*) *Vgl. auch* Lundebn, *Bedeutung u. Ursprung der doppelten Präp. der franzüs. Sprache. Progr.* Stolp. 1864.

enhierber et ma merc à par soy. ib. 6039 Quant il vit
Solimant qui vient à par ly (Gachet). Colgrave : Mettez fol
à par soy, il pensera (L. s. v. mettre) Marot rond. 43, Et
toute beste en son creux se retire à part soy. ib. je disois
à part moy (Arch. 29,200.) *Das Neufrz. schreibt der Etymologie gemäss à part soi.*

10., *Grosse Ausdehnung hat im Altfrz. der adverbiale Gebrauch des par im Sinne der Verstärkung
eines ihm zugehörigen Begriffs. Das Lat. geht hierin in Zusammensetzungen wie* permagnus, peracutus, perdurus etc. *dem
Französ. voran, welches sich aber hinsichtlich seiner freieren
Stellung des* par *wesentlich von ersterm unterscheidet. Während der bei weitem vorherrschende Gebrauch im Lat. sich wie*
Cic. Verr. 2,1,10 permagna erat heriditas etc. *auszudrücken ge-
bietet, daneben aber Ausdrucksweisen wie* Cic. de Orat. 1,49
der mihi mirum visum est etc. *gestattet, so ist diese Trennung
des* per (Tmesis) *von dem ihm logisch zugehörenden Begriffe
das im Altfrz. allein gebräuchliche vgl.* Gui d. B. 4266. Mult
par fu grans la joie . . *Als eine dem Lat. genau entsprechende Zusammensetzung, wäre mir nur das Adjectiv* pa-
ringal (peraequalis) *bekannt,* b. Phil. Mousk. 9057. 17413.
Chly. 6192. 6446 *wenn man es in den letzteren Belegen nicht
in der unter III, 7 besprochenen Weise auffassen will. Das
altfrz.* par, *wie das lat.* per, *verstärkt Adjektive, Participien
in adjektivischem Sinne, Substantive und Tätigkeitsbegriffe.
vgl.* Chly. 708,9 li veoirs li demore et tarde del vilain, qui
tant par est lez. Otin. 1637 son cheval, qui tant par est
movant. St. Alex 99,1 or par sui vedve, sire dist la pulcele.
ib. 2,2 enfant . que il par amat tant. *Begrifflich gehört
par zu dem Adjectiv, Substantiv etc., grammatisch ist es mit
dem Verb verbunden. Da par kein selbstständiges Adverb
ist und nur in Verbindung mit einem Verbalbegriff erscheint,
so fragt es sich, ob es mit diesem Verb zusammen zu schreiben ist oder nicht. Man kann zweifelhaft sein, die Sprache
selbst ist schwankend, und für beides lassen sich Gründe bei-
bringen. Die Entscheidung, ob* par *mit dem Verbalbegriffe
ein wirkliches Compositum bildet oder nicht, geben Fälle in
denen die Verbindung im Verein mit einem tonlosen Pronomen auftritt. Als wirkliche Zusammensetzung ist es aufzufassen, wenn das tonlose Fürwort sich vor das* par *stellt,
loser ist die Verbindung und nicht als zum Verbum gehöriges
Präfix, sondern mehr als verstärkendes Adverb wird par empfunden, wenn sich das Pron. zwischen beide einschiebt. Im ersteren Falle ist die verbundene Schreibung die logisch richtigere
und vorzuziehende, weil dann par zur Verstärkung des ver-
balen Grundbegriffs dient, z. B.* Otin 1926 trop me pardes-
traigniez. Cléomad. 17683 tant i paravoit de noblece ib.

17952 tant en i parot. Chly. 1480 Mes ce me para acore, que est a li enemie. Cor. Looïs 1982 Vers les glotons se parfesoit si fier Comme liepars qui ja doie esragier. Rol. 3331 De cels d'Arabe si grant force i parad. — Pr. d. P. 535 Mout par me scembleroit maovese costumançe . . Marie de Fr. I, 538 trop par li estes ore dure. Fergus 27,12 par se sont esfraes, *wo par selbst zum Hilfsverb tritt, während es doch mit dem, den konkreten Inhalt angebenden Particip sich verbinden sollte.* Floov. 426. ib. 711. Cov. Viv. 243 Tant par i ot de la gent mescréant. St. Thom. 1367 Mut par en fu dolenz. etc. *Eine gewisse Ausnahmestellung behauptet das Verbum* estre. *Logisch betrachtet ist der Begriff des Seins an sich keiner weiteren Steigerung fähig, sondern wird es erst, wenn er mit einem ihm zugehörigen Adjektiv etc. einen Gesammtbegriff bildet, wie* estre felon *(Otin. 30.)* estre viel *(ib. 1368.) etc., bei welchem dann* par *den höchsten Grad des Seins, das durch nnd durch Sein bezeichnet. Die Verbindung des Adjektivs etc. mit dem Verbum wird jedoch als keine so innige, einen Gesammtbegriff bildende, empfunden (da oft beide noch durch mehrere Worte getrennt werden können) als dass man auch hier der getrennten Schreibung nicht den Vorzug geben sollte, weil die Verstärkung doch mehr dem Adjektiv etc. gilt, ein* parestre *überhaupt nicht existiert, und wenn es bestände seiner Bedeutung nach von* estre *sich nicht unterscheiden würde. Wirkliche Tätigkeitsbegriffe wie* amer, finer, destruire etc. *die zur Steigerung ihres Begriffs nicht des Hinzutritts einer solcher adjektivischen etc. Bestimmung bedürfen, werden am besten mit dem* par *verbunden, was in diesen Fällen wol auch die ursprüngliche Schreibung gewesen ist. Vgl.* St. Alex. 2, 2 paramat. St. Thom. 676 il out parfiné. Bênoit 16679 A par-destruire Normendie (B) etc.

Häufig bezieht sich par *auf zwei (Erec. 802. 804.), ja drei Adjektive (Rol. 2550.), ohne dabei wiederholt zu werden; zur noch intensiveren Hervorhebung aber, des durch* par *verstärkten Begriffs nimmt dasselbe meist die Quantitätsadverbien* mult, taut, trop *zu sich. So* Mult par *(Bibl. Guiot 516.)* tant par *(Floov. 1929.)* trop par *(Bibl. Guiot 2530.), auch* tut par *(Rol. 2062.) aber selten. Tant und trop stellen sich auch nach dem Verb vor das Adjektiv, Bible de Sap. b. Ba. 86,25 (1. Aufl.)* il par estoit tant vix. Dolop. p. 177 Dont par est ele trop dolentê, *wie das steigernde* si, Chly. 928 *nach Handschrift B :* Par estoit si estroiz li pas. *(cf. Holland, Anmerkung).*

Wie par *zu einer solchen Verwendung kommen konnte ist leicht begreiflich. Von der räumlichen Vorstellung des Hindurchgehens, Durchdringens auf die ethische Sphäre übertragen bezeichnet es hier, meist mit Beziehung auf ein persönliches*

3*

Wesen, das vollständige Durchdringen, oder Durchdrungensein von dem durch das Adjektiv, Substantiv oder Verbum ausgedrückten Grundbegriff.
Chly. 709. ib. 6182 Tant par est male criature. Bibl. de Sap. b. Ba. 172,41 *(1. Aufl.)* mult par est feble icheste mortel vie. Otin. 786. Mult par iert dur. ib. 1289. Mult par est plainne de male felonnie. ib 30. 1368. 1801 Mult par est fox. Gui d. B. 2993. Bibl. Guiot 1461 Molt par est granz d'aus li renons. 2530 trop par est diverse. 2641 Que trop par sont lor huevres fausses. 2578. Otin. 545. Bibl. Guiot 1161 Molt par doute pou (= peu) Dieu. 1977 Molt par demainnent noble vie. 1615,16 Li autre Chanoine par ont Meillor cure et meillor aïz. Rol. 142 mult par out fier lu vis. ib. 2550 Mult par ert pesmes e orguillos e fiers ib. id. 2880. 3162. 3174. 3265. 3444. 3745. 3915. St. Nich. 1226 Mult par est diables voissus. Bibl. Guiot 1607 Molt par furent de bel ator. St. Thom. 1486 Dunc par esteit li reis en grant ire muntez. ib. 1830. Erec. 502 tant par est bele et sennee. ib. 529. 802 tant par est muez et beax. 804 molt par estes bele et pure etc. — Guill. d'Or. b. Ba 66,27 Mar fu vo cors qui tant par iert vaillant. St. Thom. 686. Bibl. d. Sap. b. Ba. 171,36 *(1. Aufl.)* mult furent purfitable mult par furent amé. St. Thom. 31 Mult par fu seinte Jglise en cel tens defulée. Bib. Guiot 691 Molt par deust estre doutanz. 2471 Molt par est lor baraz destroiz. 2356 Tant par sont de viee chargié. 2364 Trop par est lor guille embrasée. Gui d. B. 2240 Tant par a cil François et pain et vin usé. Guill d'Or. b. Ba. 64,25—26 N'est pas mervoille se vos estes lassez, que trop par estes traveilliez et penez. —
Raoul de Cambr. p. 2. Raoul ot nom, molt par avoit vigor . . (Gachet) St. Alex. 99,1 Or par sui vedve, sire, dist la pulcele. —
Chly. 885 Et si ne le parpuet ataindre. 1201 Por ce tel duel pardemenoit la dame. 2088,89 Quant ma dame se maria, N'a mie ancor VI anz parclos. Ch. d. Sax. II p. 182 Desor toz les François fu plain pie parcreuz. Guiot de Prov. VI, 9 tant ke ie perataigne ceu k'amors m'ait lonc tens promis. Bibl. Guiot 1705 Molt paramendent quant qu'il tiennent. 1939 Molt parsot bien guiler la gent. 2492 Molt paraiment rente d'Eglise. ib. 291 E tant parapeticera. *(In der Ausgabe von Wolfart alle getrennt geschrieben.)* Otin. 18. Pr. d. P. 641. St. Thom. 152 Ainceis ke jo l'éusse parfet et amendé. Gill. de Chin. 5401 A cel cop son troncon parbrise. God. d. Bouill. 12426 Jl le partuera. Part. d. Bl. I, 137 sa mère s'i met d'autre part por parafoler le musart. (Gachet l. c.) Chron. Angl. Norm. I, p. 26 Mes Abselin le paroceist (B.) St. Thom. 2310 parfiner, Erec 1476 parfeire.

ib. 832 paroffrir. Froiss. II, III, 38 folie parmaintenue vaut pis que folie commencee (L.) *Noch jetzt* parachever, parfournir, pardire, parlire etc. etc.

Man vgl. das Lat. Cic. An. 4,8,6,3. Homo peramans semper nostri fuit. ib. 1,19,2 Sequani permale pugnarunt. Cic. Leg. 3,14 permultus. Lucret. 3,217 perparvus. Aul. Gellius XIV cap. I, Per autem, inquit, inconsequens. ib. XVIII cap. IV. Terent. Andr. III, 2,6 Per e Castor scitus puer natus est Pamphilo. Plaut. Rud. 3,3,9 Propulit perquam indignis modis *Als Steigerung des Substantivs liesse sich auffassen* Terent. Andr. I, 5,30 Sed nunc peropust, aut hunc cum ipsa aut de illa me advorsum hunc loqui. *Wenn nicht opus est eine schon adjektivische Bedeutung gewonnen hatte. vgl.* peraequatio, peroratio, perorare, pergaudere, perficere etc. *In Beziehung auf zwei Adjektive steht im Lat. in den meisten Fällen* per *auch nur vor dem ersten derselben,* Cic. Tusc. II, 30 perexigua et minuta. id. ad Qu. Fabr. I, 1,18 dilectus percautus et diligens. ib. II. 15,3 persalse et humaniter. Cic. ad. Att. XIV, 12,2 certiorem auctoritatem habet, per honorifice et amice. *Wiederholt findet sich* per, Cic. de Fin. III, 11,36 Sed haec quidem est perfacilis et perexpedita defensio cf. *die Anmerkung* Madvigs *zu dieser Stelle in seiner Ausgabe.*

Der Steigerung gewisser Begriffe durch par, *ist analog das im Angels. gleich verwendete* þurh. *z. B.* þurh—hât (*durch und durch heiss*), þurh—hâtne lîg. Az. 2 cf. Grein l. c. s. v.

Auch das Alt- und Mhd. brauchen die Steigerung mit durh, *im Nhd. ist sie nur noch in Verbalzusammensetzungen üblich, vgl.* durohgoot *in dem* Voc. St. Galli *als Uebersetzung von* perfectus. ib. 26,22. 56,12 duruh heitar *als Uebersetzung von* praeclarus *als* perclarus *verstanden.* mhd. Wack. L. B. 435,28 durfrühtic; durwunneklich Joh. Taul. ib. 886,19; durhizen 745,9; durklaeren ib. 883,27 ; *nhd.* durchlesen, durchspielen, durchsingen. *got.:* þairh vakan. Luc. 6,12.

11,, *Verbindungen analog, wie* tres enmi, tres dedans, tres parmi etc. *finden wir auch* par *durch* tres *verstärkt.* Gui d. B. 36. Tres par milieu des mailles m'an est li peus glaciez, ib. 3945 Li uns encontre l'autre tres par milieu du pré. Rois I, p. 113 Pur ço, tu e ti cumpaignun tres par matin vus en alez. (B.) *Mit andern Präp. und Localadverbien tritt* par *zu zahlreichen Compositionen zusammen. z. B.* par avant (Marot 554. 557. 568. 688 b. Glauning l. c.), par devant (Chly. 5181), par apres (Rabel. Pantgr. III, 3. p. 203), par derriere (Berte CIX), par entre (Chly. 5185), par sur (St. Nich. 879), par desur (Chly. 416), par sus (Rabel. Garg. 33, p. 63) par desus (Gui d. B. 2591) par dedesus (ib. 2673), par desoz (Guill. d'Or. b. Ba. 67,23), par dejoste (Gui d. B. 2050), par delez (Chly. 4226), par endroit (St. Graal. b. Ba. 168,27), par devers (Chly.

6031), par ultre (Rois p. 81), par dedans (Pr. d. P. 1248),
par dehors (Alain Chartier p. 532), par chez (Mont. I, 14) —
par ou (Chly. 1111), par dela (b. Ba. 186,22), par deça (Gui d.
B. 1614), par ça (Bibl. Guiot 1504), par ci (Chly. 5037), par ent
(Phil. Mousk. 17175) par tot (Chly. 1184) etc. *bei denen allen*
par *in Verbindung mit Tätigkeitsbegriffen, die Bewegung, das sich
Erstrecken und Verbreiten* über, *oder das sich Befinden* in *dem
von der Präp. oder dem Adverb bezeichneten Raum zum Ausdruck bringt. Sie alle sind je unter den einzelnen Präpositionen abgehandelt, auf die ich hiermit verweise. Es mag hier
nur noch der Zusammensetzung* par unt *gedacht werden.* Par
unt *(per unde) zuerst räumlich im Sinne von* par ou *gebraucht,
dann aufs ethische Gebiet übertragen bezeichnet das Mittel
wodurch etwas geschieht* (au moyen de). Benoit 3093—95 Li
plus orgoillos se porpense Par unt il se purra foir Ne del
estor senz mort finir. Rois I, p. 4 N'ai beu ne vin ne el
par unt l'um se poisse enivrer (B.)

12.. Zu dem substantivisch gebrauchten Infinitiv tritt par
*und bezeichnet mit diesem bald die Tätigkeit vermittelst deren
etwas geschieht, bald mehr kausal diejenige, wegen welcher etwas (als Folge) eintritt oder endlich in Gemässheit welcher
etwas zu Stande kommt und erreicht wird.*

Mätzn. A. L. 33,25 car on pert bien par taire aucune
fois. ib. 34,16 Ains voeil tant par servir ovrer Qa joie puisse
recovrer ib. 38,43 Biens amenuist par delaiier. ib. 31,38 Trop
est vilaine lasquetes Damours dechovoir per mentir. ib. 32,10
Si tost con l'oi esgardee, Sui soupris par esgarder. St. Thom.
1714. Couci XXI. Grant peché fait qui son homme veut prendre
Par beau semblant monstrer tant que bien tient (L.) Marat
(ed. Adrian Moetjens) p. 573 Et par avoir esté mal taciturne
Va devant moy la cheveche nocturne. Marot (Arch. 29,196).
monté auciel par son voller *(Flug)* subtil. Comin. III, 12
Jl s'estoit desmesle de grandes guerres . . par largement
donner. ib. VI, 7 l'estime seroit entretenue par faire ainsi
choses nouvelles. ib. VII, 5 bei Geijer l. c. 33. Rabel. Garg.
46, p. 83 par bien gouverner l'eust augmentée, par me piller
sera destruict ib. 50 p. 89 ce ne fut pas accepte par ne
sembler équitable. etc.

Mit dem Gerundium verbunden stellt par *die in jenem
enthaltene Tätigkeit als irgend etwas anderes vermittelnd hin.*
Joinv. p. 50 dont le conte de Bretaigne lessa au roy, par
paix faisant, la contée de Ango, si comme l'en dit, et la
contée du Perche. ib. p. 52. p. 70 dont le roy ot, par la pez
fesant, grant coup de la terre le conte.

*13., Aus der Verwendung der Präp. in kausalen Verhält-
nissen gieng die, als Conjuktion gebräuchliche Verbindung* par
ce que *hervor. Ihre Entstehung, sowie der Uebergang des re-*

lativ. Pron. que *in die Conjunktion lässt sich hier noch erkennen. Ursprünglich ist* ce *das substantivisch gebrauchte neu-
trale demonstrativ Pron., zu welchem dann, als seinem Supplement
par hinzutritt, und auf welches das Relativ* que *sich zurückbezieht.*
Mor. sur Job p. 478 Et par ce ke nos veons ce ke fait est,
(Und wegen dessen, was wir sehen was gemacht ist . .) nos
merveilhons nos del force del faiteor cf. dazu Becker Hom.
Bl. p. 228.[3]) *Bei weitem vorherrschend jedoch ist der Gebrauch der Wendung in conjunktionalem Sinne. — Dem* par ce
que *geht im Altfrz. das gleichgebildete* por ce que *neben her.
Die eigentliche Funktion des ersteren ist die Bezeichnung
des Motivs, während das letztere den Zweck, die Absicht an-
zugeben, bestimmt ist. Da jedoch die Unterscheidung ob etwas zu einer Tätigkeit, Grund und Motiv, oder Zweck und
Absicht ist, oft nur von der jeweiligen individuellen Auffassung
abhängt, so erklärt sich aus dem logischen Zusammenfallen
dieser beiden Beziehungen in solchen Fällen die wechselseitige
Vertauschung von* por *mit* par, *indem oft* por ce que *steht,
wo man* par ce que *erwartet und umgekehrt. Der Gebrauch
des* por ce que *überwiegt im Altfrz. bei weitem den des* par ce
que, *gerade das Gegenteil zu dem Neufrz. bildend, aus welchem
ersteres durch die Puristen wie* Vaugelas etc. *verbannt worden
ist und sich nur als* pour que *mit dem ganz bestimmten Karakter einer finalen Conjunktion der Sprache erhalten hat.
Während* por ce que *im Chly. 18 mal vorkommt, findet
sich* par ce que *kein einziges Mal im ganzen Denkmal. Man
vgl.* Moral. sur Job p. 441 Par ce est dit ù li sainz hom de-
moroit, ke li merites de sa vertut soit expresseiz. Bibl. Guiot
66—68 Par ce l'apelent li Grezois Les amćors de sapience
que en aus ot plus de science Et de reson qu'en autre gent
Mor. sur Job. p. 459 Par ce ke la fumeie tuerblet l'oelh
si at nom la confusions de nostre pense fumeie. ib. p. 485
p. 495. cf. Burguy II, 388.

*14., Zum Schluss sei noch der beiden altfrz. adverbialen
Redewendungen* par poi—ne; par poi, que—ne *gedacht. Sie
beide beruhen auf dem Gebrauche des* par *in kausalem Sinne und
sind insofern kausal, als der mit der Präp. verbundene Begriff
bezeichnet, dass ein weniges, geringes die Ursache war für das*

---

[3]) *Indessen liesse sich der ganze Vorgang auch anders erklären.
Da nämlich die Fälle, in den* que *Relativum ist nur sehr selten sind
gegenüber denen, wo es als Conjunktion aufzufassen ist, ferner das lat.*
quod *sowol relativ als auch conjunktional verwendet wurde, so könnte
man in letzterem den Ursprung des frzös.* que *in conjunktionalem Sinne
erblicken, und müsste dann fürs Altfrz. beide Fälle sondern. Der
Process des Uebergangs des relativen Pronomens in die Conjunktion wird
damit nicht geläugnet, sondern nur auf das Lateinische zurückverlegt.*

Nichteintreten eines Zustandes, oder das sich Nichtvollziehen einer Tätigkeit. Beide Wendungen nehmen bald den Indicativ, bald den Conjunktiv nach sich. Chly. 984 Que par po de duel ne s'ocient. 3484,85 Las! par po ne reforsena Mes sire Yvains cele foiee. 3927,28 Que par po li cuers ne me crieve. 4078 Que par po ne li part Li cuers. Gui d. B. 890 Par poi ne vos arrache la barbe et le guernon. Pr. d. P. 2137 E par pue ne li istrent li ieus hors dou frontaus. — Chly. 4117 Par po, que li preudom n'enrage, Qui ot celui . . ib. 6131—33 Car des pons si granz cos se donent Sor les hiaumes, que tuit s'estonent, Et par po qu'il ne s'escervelent. 6530 Li mur croslent et la torz tranble Si, que par po, qu'ele ne verse. Gui d. B. 1046. 19u6. 4256 Par pou que vers Guion ne commença mellée. Bib. Guiot 1065. Floov. 84. 118 Et par un soul petit que je ne l'ai tué. ib. 2011. *Ueber ähnliche Verbindungen* a po, que ne (Chly. 884. 1149. 6126) a po . . ne (Chly. 870), *sowie* por poi . . ne; por poi, que ne cf. *die Präp.* a *und* por. —

Eu.,

Das lat. in, *welches sich in allen roman. Sprachen erhalten hat, stellt sich französisch in der Form* en *dar. In allein findet sich noch in den Eiden, und mit* en *wechselnd in der Eulalia (v. 6, u. 25), der Passion (8,3. 82,3 etc.) und im Leodegar (11,6. 16,5 etc.) Neben* en, an *begegnen im Altfrz. auch die selteneren Formen* em, am, *welche Verwandlung von* n *zu* m *eintrat vor anlautendem* b *und* p *z. B. Phil. Mousk. 10002 Et em bras et em piés (Gachet). Das Prov. kennt dieselbe Erscheinung (Gir d. Ross. 1313 und Ba. Chr. 26,27), nur ist sie dort nicht an einen bestimmten folgenden Buchstaben gebunden. Unser Denkmal bedient sich abwechselnd der Formen* en (Chly. 382. 3880. 1575), an (Chly. 396. 3177. 4458.) *und einmal* e (Chly. 1811).

Die im Altfrz. und bis Montaigne *noch übliche Contraktion der Präposition mit dem bestimmten Artikel,* en le, en la *(letzteres in unserm Denkmal nicht contrahiert) zu* el *(v. 2878 etc.) und* en les *zu* els, es *(v. 440. 3492 etc.) hat das Neufrz. wieder aufgeben; ein Rest des letzteren ist das jetzt noch übliche* ès *in z. B.* docteur ès lettres *etc.*

Das lat. in *zeigt im räumlichen Sinne einen ausgedehnteren Gebrauch als das Frzös., während dieses teilweis noch freier verfährt als jenes, in der Uebertragung der Präp. auf kausale und modale Verhältnisse.*

Die ursprüngliche räumliche Bedeutung von in *ist die des Eingeschlossenseins eines Gegenstandes im Innern eines Raumes. Der Begriff des Eingeschlossenseins setzt aber den*

der Umschliessung voraus, welche in Hinsicht auf einen Ge-
genstand als allseitige, kubische, oder als nur teilweis bestehende
gedacht werden kann. *Dieser Begriff wird dann erweitert*
und dehnt sich aus auf die lineare Begrenzung einer Fläche,
innerhalb welcher sich etwas befindet oder statt hat.
Das Neufrz. hat en *in seiner Verwendung gegenüber der*
Präp. dans *(cf. diese) beschränkt und seinen Gebrauch an ge-*
wisse Regeln geknüpft, welche weder aus innern Gründen sich
rechtfertigen lassen, noch auf der historischen Entwicklung des
Sprachgebrauchs basieren, sondern ihr Dasein lediglich dem
zeitweiligen usus *zu verdanken haben.* *Sehen wir erst das*
altfrz. Verhalten nach unserm Denkmal. *Die Präp. steht bei*
Substantiven, wenn denselben vorangeht der bestimmte Artikel
im singular (Chly. 207. 1161. 1370. 5359 etc.), *der bestimmte*
Artikel im plural (ib. 440. 902. 3492 . .), *der unbestimmte*
Artikel (277. 3457. 4674. 4684), *ein demonstrativ Pronomen*
(5119. 5220. 6597 . .), *ein possessiv Pronomen* (914. 1922.
6582. 1984, 2600. 5799.), *oder irgend ein den Artikel gleich-*
sam vertretendes oder mit ihm stehendes Wort wie aucun (6029.),
nul (854.), autre (337.), tote (5629.), quelque (5795.), *Adjek-*
tive wie maintes (3684); *Endlich wenn das Substantiv ganz*
artikellos steht (68. 335. 1069. 3595. 4841. 5482. 6478. etc.).
Diese Beispiele, welche zugleich den im Altfrz. herrschenden
Sprachgebrauch repräsentieren beweisen zur Genüge, dass das
von den neufrz. Grammatikern aufgestellte Verbot, en *dürfe*
nicht vor dem bestimmten Artikel im plural, *und vor demsel-*
ben im singular *nur in einigen gewissen Fällen gesetzt*
werden, auf willkürlichem Gebrauch beruht, wenigstens aber
der historischen Begründung ermangelt.

I.,

1., Zuerst dient en *zur Bezeichnung des sich Befindens*
und Verweilens innerhalb eines Raumes; bezeichnet aber in
Verbindung mit Verben der Bewegung etc. zugleich denjenigen
Raum, in welchem selbst oder in welchen hinein (als ihren Ziel-
punkt) eine solche stattfindet mit oder ohne den Nebenbegriff des
dortigen Verharrens. Das Altfrz. weist der Präp. in ihrer räum-
lichen Bedeutung eine noch grössere Gebrauchsphäre an als
das Neufrz., in welchem verschiedene, dort dem en *zufallende*
Funktionen auf das im Altfrz. seltenere dans *übertragen*
worden sind. *Das altfrz.* en *greift in seiner freieren Ver-*
wendung teilweis in das Gebiet des neufrz. à, sur *über, wo-*
durch es dem lat. in *näher kommt, ohne dasselbe in seiner*
ganzen Ausdehnung zu erreichen.

Chly. 4839 Sovent estoit ses chevax Jusque pres des
cengles en tai. 2789 que s'il fust en abisme. 1927 An sa prison voel je molt estre. 3595. 1922. 3238. 1444. 914 Et l'espée
est an son aguet. 5119. 3880. 511. 1029 El poing soit la

pierre anclose. 1711. 3557. 3996. 6029. 6550 ne resposerons en cest chastel 5220. 5459. 5794. 5854. 5437 Que il fu an son lit colchiez. 6016. 2754 en sa chambre. 569 en sa meison. 3865. 2883. 396 Qu'an cest bois ne remanra beste. 3528. 4581. 5733. 2510. 2986 en la boiste an ot point (sc. del oignement). 590. 3172 Le povre cuer, qu'il a el cors. 3529. 1174. Pass. 8,3 quatre dis en moniment jagud aveie. ib. 82,3 qu'in templun dei cortine pend. St. Alex. 125,1 Aions, scinors, cel saint home en memoire. Pr. d. P. 4088,89 Ferent entrier en mer une nuit en secris En nes e en galies e en dro- mons fournis. *Und die Vorstellung des Umschliessens über- tragen auf das Umfangen von Gegenständen* . Chly. 291 Une grant macue en sa main St. Alex. 70,3 En son poing tient sa chartre. St. Thom. 1565. 1572. 1685. Rol. 2575. — *Einmal in unserm Gedicht bildet* en *den direkten Gegensatz zu* fors, *im Sinne des nfrz.* dans, Chly. 2687,88 Ne vostrent en vile descendre Einz firent lor paveillon tendre fors de la vile etc.

Mit Aufgebung des Begriffs streng allseitiger Einschlie- ssung, und mit Uebertragung auf das in *und innerhalb eines Flächenraums (in solchen Fällen je nach dem Zusammenhang dem deutschen* in, auf, an *entsprechend) findet sich* en.

Chly. 2785 Toz seus en si salvage terre ib. 6478. 6538. 277 Quant je trovai en uns essarz Tors salvages. 3342. 3438. 2498. Celui, qui devient de li pire (sc. de la fame) El re- aume 1235. Qu'el monde son paroil n'avoit. 6540. 6596. 6725. Rol. 2396 en paréis. ib. 2397. Chly. 4833. 4841. 335. Ne cuit, qu'an plain ne an boschage Puisse an garder beste salvage. 3062. 5393. 4525. 5482. 3413. 902 Home ne fame n'i troverent Es rues. 6709. 1416. 6025. 5328. Rol. 2994 Jl le conquist ès guez desuz Marsune. — Bible Guiot. 549 Que noste Sires le nous dit En l'Evangile. 585. 936. 1042 En lor oeuvre et en lor creance croist et concie desesperance. 2515 Es loys aprennent tricherie. 2436 Es decrez. St. Thom. 1210. 1272 Dunt vus avez oï en Avieu cunter. Rol. 1684. 3742. St. Nich. 40,41 En romanz dirai. ib. 38. Bibl. Guiot 33 Et prisier Eu diz plesanz sanz vilonie. (*Hier lässt sich en auch in- strumental auffassen: vermittelst.*) St. Thom. 5819 Li vers est d'une rime en cinc clauses coplez.

Chly. 4653 Ensi au son escu l'enporte. 4647. 5629. 4938. Droit au ciele piece de terre. 4338. 1390. 4912. 5158. 3078 Le cheval, que je maing an destre. 2971. 4326. Otin. 707. Rol. 2218 En sun visage fut mult desculurez. Chly. 755. 419. 2362 Au son chief une garlendesche. St. Thom. 1236. 2898. 2966. Gui d. B. 279. Chly. 195 Et sor le pont an piez estoit. 317. Rol. 1487. Par amistiet l'en a baisat en la

buche. 1528 Siet el cheval. 1856 En seintes flurs il les facet
gesir. 2496. 3865. .
Chly. 1031. Qui l'anel an soi doi a (*vgl.* Plaut. Eph. 5,
1,34 annellum aureolum in digitum). 6575. 3666. An plainne
cort et veant toz. 6280. 3686. 631. 528 El conble de l'escu
l'atains. 5573. 4552 Car en II leus estoit plaiez. 4555. 6362,
63. 854. Guill d'Or b. Ba. 65,1. ib. 65,3. Otin. 1116. Rol.
1464. 2345 En l'oriet punt assez i ad reliques. 2506. 3521.
3867 En lur cols pendent les escuz de quarters.

Das Vollzogenwerden einer Tätigkeit innerhalb eines
Raumes, sowie das Versetzen und Versetztwerden in einen
Raum (allseitig umschlossen oder nicht), wird durch die Prä-
position ausgedrückt . . Chly. 1406 Logice s'est an franc alue.
3756. Chly. 1069. 2827. 4527 Qui se tooille et devulte an
l'onde vermoille. Froiss. I, I, 133 et se logerent les seig-
neurs, chacun six par lui eu entre ces genz. Gui d. B. 1285
Karles mist le chapel el chief. Roncesv. p. 50 En dos *(Rücken)*
lui vestent un haubert doplantin. ib. p. 50. Chly. 2978 Ses
chevax met en un pleissie. ib. 3225. 4674. 3282. 4332. 4684.
1057 estoit an bieres mis. Rol. 1748. Chly. 2870. 2600 Mes
or metroiz an vostre doi Cest mien anel. 3457. 5533. Rol.
2966. 2968. 2949. Chly. 4913. 4927. 6339. 3889. 1400,01
Celui sanble, qui an la cendre Et an la poudre espant son
basme. 4562 Et cil furent ars an la re. 4458. St. Thom.
1675. Chly. 1752 Amer la doie an son cuer. 5630. 3154.
4038. Pass. 57,2 Jhesum in alta cruz claufisdrent. Floov.
1130. 1193. Pass. 122,3 sozlever en cruz. ib. 124,2. St. Thom.
1030 Qu'en sa buille fesist ses leis enséeler. Rol. 1750. St.
Alex. 63,4. ib. 95,3. Chly. 930 El droit sautier s'est anba-
tuz. 3404. 3543 el piz boter. Rol. 2173. ib. 3569. Chly.
3490. si li apointe Es mailles del hauberc la pointe. 1965.
440. Me feroit es ialz li esparz. 1370. 3146. 5374. 2257.
2837. 2854. Roncesv. p. 67. St. Thom. 1129 N'i as à
mettre main, nis el petit clergun. Rol. 1578. Chly. 68 Ca-
logrenanz sanz plus sailli an piez contre li sus. 312. 652.
5392. *Ueber* saillir en estant cf. *unten.* Chly. 2041 Jrons
An cele sale. 4951. 1880. Rol. 2692 Cum il aproismet en la
citet amunt. Chly. 221 Et viennent en la cort aval. 4679.
4982. 2860. 5795. 791. 5339. 5343. 5262. 5174 Qu'au tel
leu estes arivez. Gui d. B. 253. 260 retornent . . en lor
pais. ib. 221. Chly. 47 An chanbre antrer. 188. 207. 2714.
2224. 3795. 4856. Pass. 18,2. St. Thom. 770. Otin. 125
L'emperere s'en est en piez levez. ib. 211. Chly. 1960. 237.
2054. 6486. 4009. 5998. Dex vos conduie En voz pais sain-
nes et liees. Rol. 1997 Mais en la teste ne l'ad mie adeset.
— Chly. 3090. La boiste en l'eve chei ib. 2805. 3179. 821
Et li troncon volent an haut. 386 chaaine, qui dure jusqu'an

la fontainne. Pr. d. P. 387. si tint le cief en bais. Rén. 3196. Rol. 1801. ib. 2765. ib. 1851. Rollanz reguardet ès munz e ès lariz. *Ueber* en *als Zielpunkt, dem den Ausgangspunkt bezeichnenden* de *gegenübergestellt in* de .. en, de ci .. en cf. *die Präp.* de.

Auch die Schwestersprachen des Französ. teilen diesen ausgedehnten Gebrauch von en, *wobei jedoch das Spanische noch weiter geht und sich dem Lat. am meisten nähert. Auch das engl.* in, *jedenfalls vom lat. und roman. Sprachgebrauch beeinflusst, stellt sich der Verwendung unsrer Präp. zur Seite. Der gleiche lateinische Gebrauch von* in *ist zu bekannt, als dass hier weitere Belege angeführt zu werden brauchten. Man vgl. nur* Plaut. Rud. 3,6,18. id. Aul. 4,8,6. id. Amph. 3,4,25. id. Aul. 4,6,12. cf. Holtze l. c. *Auch das Althochd. brauchte* in *für räumliche Verhältnisse in viel unbeschränkterem Masse als das Mittel- und Neuhochdeutsche, vgl.* Tatian 118. sloug in sine brust. Otfr. IV, 22,41 saztun imo in houbit then thurninan ring. ib. IV, 22,49 fialun in iro knio. ib. III, 6,23 giang in (= auf) einan berg. Tat. 166. ib. 205,1. Otfr. II, 9, 166. ib. IV, 774. *Die Richtung nach, hin bezeichnend:* Tat. 22,7 ufarbabanen sinen ougon in sie. b. Graff l. c. 29.

Hierher gehören die Fälle, wo en *in Verbindung mit Verbalbegriffen des Empfangens und Erzeugens auftritt.* Gui d. B. 4016 Et proient Damedieu, le roi de majesté, que il leur lest en eus concoivre et engendrer. Ch. d. Sax. IV. Cil conçut Anseys en la fille au vacbier. (L.) G. Paris: Hist. poët. d. Charl. p. 381 z. 22.23. Et veulent racompter les histoires que Charlemagne, qui aussi fut filz au roy Pepin et qu'il engendra en la noble Berthe après, l'engendra, celuy Raoulant, en icelle sa soeur Guille. ib. 382,2 que se fu le peché quant engendra Roulant En sa sereur germaine, se va on esperant. ib. 471,14. Le roy puis celuy fet en sa fame engendra deus filles et deus filz dont Damedieu loa. *Von der räumlichen Anschauung ausgehend, lässt die Präp. bei diesen und ähnlichen Verbalbegriffen, welchen neben dem Begriff des Versetztwerdens in, zugleich der des Hervorbringens anhaftet, die Person in der und durch welche sich eine Tätigkeit vollzieht, als das Mittel und die Vermittlerin für das Zustandekommen dieser Tätigkeit erscheinen. Man vgl. das ital.* incingersi in uno (Dante Inf. 8,45.). *Das Lat. braucht* in *diesem Falle* ex, de *oder den Ablativ.* Cic. Cluent. 11. Ovid. Met. 3,314. ib. 10,328.

2., Für das Neufrz. gilt die Regel, dass in geographischen Angaben en *nur bei den Namen der Länder, Provinzen und Gebiete gesetzt werden kann, bei Städtenamen aber* dans *stehen muss. Diese strenge Verteilung der Funktionen einer jeden der beiden Präp. war dem Altfrz. unbekannt, welches ja* dans

*verhältnissmässig nur selten verwendete, daneben aber für diese
Beziehung sich der Präposition* a *bediente. Wir finden* en
*bei jeder der genannten Ortsbezeichnungen, sowol bei Begriffen
der Ruhe, als in Verbindung mit Verben der Bewegung.*
Chly. 7. Li rois fu a Carduel en Gales. 427 li solauz,
apert en Orient. 3231 En Roncesvaux ne an Espaigne. 6532
Mialz volsist estre pris an Perse Li plus hardjz. Rol. 1650.
en Danemarche. ib. 2282 en Arabe. 2330. En Saisonie. Bibl.
Guiot 1281. St. Thom. 391 en Normandie. Otin. 190 en Lombardie. 1411 en Babiloine. Pr. d. P. 1337 en Flandre. Floov.
207. Chaalons . . siet en la Champene; Rol. 360 En dulce
France. St. Thom. 401 En trestute Engleterre. Bibl. Guiot
IV, 4 En la douce Champaingne. — Chly. 2546 retorner an
la Bretaigne. Pass. 103,3 En Galilea avant en vai. Bibl.
d. Sap. b. Ba. 86,18 s'en irons en Egypte. Gui d. B. 58 en
Espaigne venimes. 175. Otin. 717 Ore s'en irra l'os desk'en
Lunbardie. St. Thom. 1083 En Engleterre vunt. Floov. 232
an France retorner. Froiss. II, II, 219 Aller, dedans l'an,
en Portingal (L.) *Das Lateinische brauchte die Präposition in
derselben Weise, unterschied jedoch die Beziehungen des* wo?
und wohin? *durch Anwendung verschiedener Casus.*)*
Auch die im Neufrz. übliche Stellvertretung des en *durch*
dans *bei Ländernamen, wenn denselben der bestimmte Artikel
vorangeht oder sie von einem Adjektiv begleitet sind, erweisen
einige der angeführten Belege als eine neuere, dem Altfrz. unbekannte Bestimmung.*
    En *zur Bezeichnung grösserer Landstriche, als Gebirge,
Täler, Wälder etc.*
Chly. 187. Et ce fu an Broceliande. 695. Rol. 1663.
En val Metas li dunat uns diables. ib. 2318. es vals de Mo-
riane ib. 2225 En Rencesvals ad une ewe curant. 2516. ib.
2461. el Val Tenebres. ib.﹖923. Floov. 208 et en Ardenne
an antre. Rol. 3313 Cil tint la tere entresqu'en Val Sevrée.
    Städtenamen mit en. *Unser Denkmal bietet für diesen
im Altfranz. so häufigen Gebrauch zufällig kein Beispiel.* St.
Alex. 60,2 en Rome. ib. 32,3 en Alsis la citet. St. Thom.
167 en Lundres (*aber* à ib. 816. 817.) ib. 301 En Estafor-
desbirc. Ger. d. Viane 2035 en Viane. Gui d. B. 323 En
Jherusalem. Otin. 499 de la Virge nasquis an Beliant. Pr.
d. P. 442 En Besance. ib. 2001 en Namure. Rol. 2728 en
Sebre. ib. 3990. en Bramidoine. Gui d. B. 4254 Là dedens

*) *In einer Wolfenbüttler Hdschr. des Jahres* 1603, *ist ein Kriegs-
lied, welches einen Zug nach Portugal beschreibt, überschrieben:* „Ziehen wir in (nach) Portugal" cf. A. Ebert ,, *Ueberlieferungen der Ge-
schichte, Litter. u. Kunst*" II, 1. *vgl. auch* Tatian 9,2 fliub in egyptum.

en Luiserne. Joinv. 212 en Constantinoble. Ant. de la Sale
N, 1,86 en Artois. Mont. I, 379 en Sparte. — St. Alex.
18,1 alat en Alsis la citet. ib. 23,3 en Sichem vindrent. Rol.
211 En Saraguze menez vostre ost bannie. ib. 245. 292.
Bibl. d. Sap. b. Ba. 88,17 en Sichem, Joseph, vos envoiai.
Guill. d'Or. b. Ba. 66,11 ja en Orange ne me verrez tornant.
Guill. d'Engl. b. Ba. 149,31 si sont en Galinde venu. St. Alex.
77,5 S'en refuit en Rome la citet. Rois I, 28 p. 108 s'alo-
gierent en Sunam. ib. Saül . . vint en Gelboë. St. Thom.
2007 tut dreit est en Nicole entrez. ib. 3996 Reis Vivien si
succuras en Jmphe. Villeh. b. Ba. 214,8 *(1. Aufl.)* vint en
Venise une compaignie. *Noch* Racine, Moliére, Corneille,
Bossuet etc. *brauchen in den gleichen Fällen* en cf. Littré s. v.
Man vgl. das prov. Gir d. Ross. 614. 871. 2838. 957.
2839. ib. 6695 etc. etc. *Das Lat. geht dem Frzös. voran,
wenngleich es sein in seltener vor Städtenamen gebrauchte.*
Plaut. Mil. gl. 3,1,182 in Epheso. Ter. Eun. 3,4,1 in Piraeeo.
Plaut. Bach. 2,3,2. id. Capt. 2,3,19 In Alidem mittam. id.
Poen. prol. 94. id. Trin. 1,2,72 cf. Holtze l. c., Cic. Att. 8,3,6
Navis et in Caieta est parata nobis et Brundisii. Caes. B. G.
2,18 in Hispali. Quint. Inst. 12,10,34. *Von den Schriftstellern der guten Latinität meist gemieden, gelangt diese Verwendung von* in *in der Volkssprache und dem spätern Latein
zu grosser Ausdehnung, und wird so die Grundlage des romanischen Sprachgebrauchs. Cicero selbst lässt sich über die
Verwendung von* in *in diesem Sinne aus, man vgl.* ad Attic.
VII, 3, 10 venio ad Piraea, in quo magis reprehendendus
sum . . . sqq. *Auch das Ahd. und Mhd. bediente sich noch
der Präp.* in *vor Städtenamen bei Verben der Bewegung.* Tatian 8,4 santa sie in bethleem. ib. 111 fuor in hierusalem
cf. Graff l. c.

3., *An die Verwendung der Präp. im streng räumlichen
Sinne schliessen sich eine Menge Uebertragungen derselben
auf andere, ähnliche Verhältnisse, in denen die ursprüngliche
Bedeutung von* en *zwar abgeblasst ist, immerhin aber sich
noch mehr oder weniger deutlich erkennen lässt.*

*Auf der Vorstellung des räumlichen Umschlossenseins,
und der daraus hervorgegangenen des Umfangenwerdens von
etwas, beruht der Gebrauch von* en *bei Beziehungen, in denen
es das Bekleidetsein und das Gehülltsein in etwas ausdrückt.*

Chly. 3958,59 En lor mantiax anvelopees Vindrent por
les lermes covrir. 4814,15 Trestute nue en sa chemise Au
feu liee la tenoient. Huon d. Bord. b. Ba. 190,19 Ens el
bliaut est Hues demores. St. Alex. 117,2 clerc revestut en
albes et en chapes. St. Thom. 1605 En chape e en surpliz
remist. Floov. 877 Richier . . en chemise et an braies. Rol.
3735 Guenes li fels en caeines de fer. *Obgleich die Schwester-*

sprachen des Französ., sowie das Deutsche und Englische sich
der Präp. in solcher, ihrer Natur ganz entsprechenden Weise
bedienen, vermied das Lat. für diesen Fall in, und brauchte
den Ablativ des betreffenden Gegenstandes, indem es das Verhältnis instrumental auffasste d. h. so, dass das Bekleidetsein
vermittelt wird durch einen Gegenstand. (cf. Nfz. de.) Man
vgl. auch die im Neuengl. übliche Konstruktion der Verba to
vest und to invest im Passiv mit in, bei Mätzn. II, 342.

Die räumliche Vorstellung des Umgeben- und Umschlossenseins von etwas überträgt sich auf Substantivbegriffe, welche
körperliche, geistige und sittliche Zustände, Gemütsbewegungen,
Umstände oder Tätigkeiten zum Ausdruck bringen in denen
oder unter welchen etwas befindlich gedacht wird.

Chly. 108 De la tancon Ne sui mie en grant sospecon.[1])
120. Se ma dame me lesse an pes. 1334. 1562. 1647. 4453.
5723. 6215. 5897. 970 Que que il ert an son destroit. 1332
Soiez por vos an cusançon. 1736. 4712. 4923 Qui an molt
grant espans estoit. 1583. 2756. 3474. 6689. 2656 Et li cors
vit en esperance. 2780 Cui ele leisse an grant enui. 2863
Tant com il fu an cele rage. St. Thom. 3799 fut li reis en
irur. Chly. 2876 Et li boens hoëm estoit an painne. 3470.
tint son chief an repos. 3531 en tel martire. 3627 an esfroi.
Otin. 32 en friçon. Chly. 3992 an redot. St. Alex. 60,5 en
grant dote. Chly. 4840 an grant esmai. St. Thom. 437 En
scime et en descort. Otin. 28. en contençon. Pr. d. P. 2522
en tençon. ib. 2179 en doel e en grant traval. St. Thom. 1294
En tristur il fu vis. Rol. 3436. 2715. Chly. 2924. ib. 5309
Nos somes ci an poverte. St. Nich. 607 estoient en emfer-
mitié. St. Thom. 768 dormeiz en péche. 714. 703 sera finis

---

[1]) Hierher gehören auch die altfrz. Verbindungen: estre en grant,
tenir en grant, se metre en grant, deren allein richtige Erklärung,
gegenüber denen von Diez, Chevallet und Gachet, Tobler in der Anmerk.
zu v. 2 seiner Ausgabe des vrai aniel sicher gegeben hat. Der Verfasser macht dort durch Belege deutlich, dass, wie im Altfrz. weibliche pro-
nominale Adjektive, als ceste, une, autre, quel, (Chly. 134,42), tel
(Chly. 2025,26,27,30. ib. 4192.), ohne alle Beziehung auf ein Nomen
im Sinne eines Neutrums gebraucht werden, es sich auch hier um das
substantivisch verwendete weibliche Adjektiv grant (grande) granz (grandes)
handelt mit der Präp. en, von der es getrennt zu schreiben ist. Der
Bedeutung nach ist es gleich = in grosser, in grossen, nämlich: Not,
Bedrängniss Sorge, Besorgnissen etc., welche Begriffe im Gedanken zu
ergänzen sind. Chly. 2108 De son voloir an grant (Holland schreibt
irrig angrant) la tienent. 3220,21 Mes de ce se voit molt en grant
Des cos vengier, que l'en li done. Vrai aniel 1 – 3. Jeu parti b. Ba.
341,12—13. Ch. d. Sax. I, 197. Parton. d. Bl. II, 188. (Gachet l. c.
150). cf Tobler l. c. auch das Prov. Bertr. d. Born. b. Ba. 112,32 eu
men sui mes tostemps en grans Cum puesc'aver cairels e dartz. etc.

en felunie *(dies könnte man auch als* en *im Sinne der Gemässheit auffassen)* ib. 617 Ke s'éust esté muines et fust en cel estal. *Hierher sind auch zu ziehen Beispiele wie* St. Nichol. 361,62 Avoit la gent en us eü Aorer Diane e servir. Chly. 2742 Et tu l'eus an tel despit. St. Thom. 558 Li uns de Salesbire, ke li Reis out en hé. Chly. 3446 an grant chierte le tint etc. *wo en* die Sphäre ausdrückt in der man Jemand hat *oder hält.*

Mit Verbalbegriffen der Bewegung etc. drückt en *das sich Begeben, Versetztwerden und das Aufnehmen in einen solchen Zustand aus.*

Chly. 602 Quant vos iroiz an cest martire. 3704 est on entrez an grant painne. 4811. 4824. 6604. 4182. 4510. 3998 an boene esperance les met 6500. 2989. 3937 Je m'anmetroie volentiers en l'avanture et el peril. 1744. 4593. 1984 vos metes an tot en ma franchise. St. Thom. 2274 en nuisance descendre ib. 2378,79. Chly. 4340. 5253. 4639 s'ele venoit en eise. 3148 Qu'an sa force fu retornez. 2938 Qu'il se remist En son san. St. Alex. 72,2 getent s'en oreisons. Pass. 111,2 en veritad lo confirmet. St. Thom. 364. 728. 468. Rol. 2382 metre en ubli. ib. 2238. St. Thom. 1089. St. Alex. 72,3. St. Nich. 84 Mes en poverte ert cheuz. Chly. 5024 es granz galoz se mist. Pr. d. P. 2307. Rol. 2935 France ad mis en exill. St. Thom. 548. 549. 783 Li Reis l'ad pris en haür. ib. 1168. Rol. 3771 me coillit en haür. St. Thom. 789. Bênoit II, 12136 Que nostre en amor coilles. (B). *Auch* Chly. 1697 Venu a armes en bataille. 5281. 4743. 3216. 5845. St. Thom. 1370.

Deutlich fühlbar ist die räumliche Anschauung in Beziehungen, wo die Präposition das sich Befinden, Umgeben- und Eingeschlossensein von einer Anzahl von Personen bezeichnet. Je nach Verbindung und Zusammenhang entspricht dann en *dem Deutschem* in, *unter.*

Chly. 1295. En la compaignie des sainz Soit vostre ame. 93. 3232. 5031. St. Alex. 122,2. Com. I, 1 en l'assamblee des Susditz. St. Thom. 1841 et quant en barunie de lui granz fius tenez. Chly. 3666 An plainne cort et veant toz me dist. ib. 2176 Trestuit furent an cele chevalchie. Rol. 748. e ki serat devant mei en l'ans-guarde? ib. 2110 Sunez vos grasles tant que en cest ost ad! ib. 3219 En la menur (sc. eschele) XXX milie en out. Chly. 1339 Avoec les autres an la presse. 3177 si tient chascuns molt bien son leu En la meslee. St. Nich. 1309. St. Thom. 1213 quant il est en tueil *(Gedränge).* — Rol. 2057 En la grant presse cumencet á ferir. 2070. Gui d. B. 4202. Froiss. I, I, 141 Lors entrerent en ces Flamands qui furent tous esbahis quand si pres ils les virent. *Hierher gehören auch* St. Thom. 1101,02

Par tut le mund est leis tut par dreit establie Et en Cresti-
enté et nis en païenie. Pr. d. P. 2746.

In mehr übertragenem Sinne steht en *bei Personen, an
denen, oder welchen innewohnend eine Eigenschaft gesetzt oder
gedacht wird.*
Chly. 777,78 Car plus de bien et plus d'enor Trueve il
assez el vavassor. 780 Et an la pucele revit de san et de
biaute cent tanz. 2020. 1642 Mes une folie an en soi (sc. la
dame). 2198. 3246. 2666. 492 Se il eust reison an vos. 3686
trovai consoil en nelui. Floov. 1139. Otion. 410. Vrai
aniel 43,44. ib. 73. Guill. d'Engl. b. Ba. 150,20.21 Ja de
fere vostre servise Ne troverez en moi faintise. Bibl. Guiot
1289. Trop a de barat es grangiers. Gui d. B. 2129. Otin.
531 En Roland n'ot, sachiez, que courocier. St Thom. 1151.
1241. 1306 Ço parut en Adam. 1695. Rol. 1670 En l'arcevesque est ben la croce salve.

En *steht auch bei Personen, an oder in welche eine Eigenschaft sich als erst versetzend gedacht wird.* Chly. 1548 l'amor
qui en lui s'est mise. 3976 Dex m'an desfande, C'orguiauz
en moi ne s'estande.

Man vgl. das gleichgebrauchte Lat. in, Plaut. Pseud. IV,
7,7. id. Stich. v. 322. id. Truc. prol. 7.

*An diesen Gebrauch knüpft sich die Verwendung der Prä-
position* in *Beziehung auf persönliche Wesen etc., denen eine
Macht, Gewalt und Einfluss über etwas ausser ihnen liegendes
innewohnt, oder in deren Macht, Schutz, sich etwas befindet
oder aufgenommen wird.*
Chly. 3043,44 Tant qu'il (= *es*) fust auques en sa force,
De li apeler molt s'esforce. Gui d. B. C'est an Dieu qui tot
le mont forma, quant lui vient à pleisir, penre le nos lerra.
ib. 2361. Amyot, Agesil. 16. Agesilaus fist reponse, que, quant
à la paix, il n'estoit pas en luy de la faire. (L.)
Chly. 1227 ne t'ai ore an ma baillie. 3247,48 Que il
eust lor dame prise Et fust la terre an sa justise. 2931 il re-
massist en vostre aie. 6398 Qu'an ma merci se sont randu.
St. Thom. 1599. Chly. 5678 Si me met an vostre menaie.
3917 et mist la reine en sa garde. Chly. 1858 Et s'il nel
prancnt an conduit. Rol. 2703 Trestute Espaigne iert hoi
en lur bandun.

Vgl. das Lat. Plaut. Most. v. 134 In fabrorum potestate
dum fui. Ovid. Her. 20,44 Exitus in diis est.

Aus dem der Präposition en *anhaftenden Begriffe der
Richtung nach etwas hin, in etwas hinein als seinem Ziel,
geht ihr Gebrauch hervor bei den Begriffen des Glaubens,
Vertrauens, Hoffens.* Chly. 3753,54 Mes, se deu plest, an
cui je croi. Gui d. B. 3329 Et créés en Jhesu. Pr. d.
P. 2503 e croie en sainte Trinitiés. ib. 2350. 2314. *auch*

4

St. Nich. 350. *In derselben Bedeutung schon altfrz. auch*
croire à. Floov. 581 qui à lui bien croirai jai n'iert trop so-
fraitous. Pr. d. P. 2502 2606. *und mit Unterdrückung des*
à *bei persönlichen Begriffen* Otin. 2018 Celui (= à c.) creez
qui fu mis en la crois. Gui d. B. 3632 Se vos ne volés
croire Jhesu, le roi amant. Rol. 3980. Huon d. Bord. b. Ba.
188,26. Otin. 144. Bibl. Guiot 62. *und* Croire qch. Gui
d. B. 954. — Chly. 740 Se or de rien an moi te fies. 5976.
4896. 4000 Qu'an sa proesce molt se fient. 4201. 3919. 4327
En ses aides molt se fie. 4324 Mes boene fiance an lui a.
Otin. 319. Mätzn. A. L. XVI, 20. Pr. d. P. 519. Chly. 4005
l'esperance, qu'an lui ont. Rois p. 205. ib. p. 208. Chly. 6583
Car il n'a gant an mon ostel, An cui ge aie nule atandue.
Auch bei Begriffen der Liebe zu Jemand, Chly. 2565 Mes
l'amors devanra haine que j'ai en vos. 3447 Por la grant
amor qu'an lui ot. Berte LXIII. En la serve avoit mis cuer
et cor et desir (L.) Chly. 5717, 5718 Qui deust son cuer et
s'antente Metre an pucele bele et gente. Mätzn. A. L. XVIII,
12 amer en si haut lieu vaillant; *man vgl. das Lat.* intendere
considerationem in aliquam rem (Cic. Jnv. 2,33), intendere
animum in regnum Adherbatio (Sall. Jug. 23), *neben* intendere
ad *oder dem Ablativ. Es sei hier noch erwähnt der im Altfrz. übliche, im Neufrz. untergegangene Ausdruck:* estre marié
en qqn. Chly. 2064,65 Certes l'empererriz de Rome Seroit
en lui bien mariee. D. C. s. v. maritare : Combien que feu
Simon Bradieu fu marié en femme dont il devoit estre con-
tent. Bibl. Guiot 1134 En l'ordre furent mariées (*mit dem*
Orden . .) Die zu Grunde liegende räumliche Anschauung
ist die des Versetztwerdens in eine Sphäre, einen Zustand;
wie man ja auch im Deutschen ganz ähnlich sich ausdrückt:
„in eine Familie, in einen Stand hineinheiraten" vgl. das Engl.
Jt is a great sacrifice J make in marrying into a family
in trade (Scott, Lady of the Lake 1,1.) *Daneben war auch*
schon altfrz. die Präposition à bei marier *gebräuchlich.* Berte
LIV. Vous m'aviez mariée à un riche mari (L). *Vgl. das Lat.*
in aliquam luculentam familiam locare (Plaut. Cist. 3,2,18)
eum sororem despondisse suam in tam fortem familiam
(Plaut. Trin. 5,2,9) b. Kampm. l. c. 34. *Auch Jtal.* maritato
in uno. b. Blanc. Ital. Gramm. p. 564. — *Hierher gehören*
auch, weil auf derselben Anschauung beruhend: Chly. 4110,11
Car il ne l'aimme tant ne prise, qu'an li se deingnast avil-
lier. 2471,72 La terre . . que mes sire Yvains ot conquise
en la dame. *Hier könnte* en *instrumental erscheinen, doch ist*
die Vorstellung die, dass Y., indem er in den Stand der Dame
hineinheiratete, dadurch zugleich in den Besitz des ihr angehö-
rigen Eigentums trat.
   Diese Verwendung der Präp. in *ist gemein romanisch,*

*das Ahd., Mhd., Niederd. und Englische kennt sie. Vgl. das
Prov.*, Boèce b. Ba. 5,1. Gir. d. Ross. 1326. Matfre Ermeng.
b. Ba 316,27. *Das Jtal.*, Dante Par. 24,130. id. Purg. 13,
152. id. Inf. 11,53. *Das Ahd.*, Tatian 119 kiloupan in namon
einiges gotes sunes. Otfr II, 170. Tat. 118. Kero 7. *auch
bei* sih verlazen, sih trosten cf. Graff. l. c. p. 50. *Mhd.* Mich.
Behamer *in* Wack. L. B. 1007,37 ach ist das grosse ketzerei
wer glaubt in die geschöpfen etc. *Engl. ist* to believe, to
hope, to trust in (*neben* on) *ganz allgemein.* — *Bei den
Kirchenvätern ist der Gebrauch von* in *bei* credere *und ähnlichen Verbalbegriffen sehr häufig, und dies trug zur Fixierung
der Ausdrucksweise wesentlich mit bei. vgl.* August. Conf. I, 1
quomodo autem invocabant in quem autem non crediderunt.
ib. II, 11 Mater que multum speravit in te. Terent. Hecyr.
I, 2,33 Nunquam tam dices commode, ut tergum meum Tuam
in fidem comittam. Virg. Georg. 2,232. Terent. Andr. V, 2,16
Plaut. Pseud. v. 109. ib. 1292 etc. etc.

4.. *Hieran mag sich der Gebrauch von* en *reihen bei Verbalbegriffen, welche ein Machen zu etwas, ein Verwandeln in,
dann ein Teilen, Zerbrechen etc. ausdrücken. Ihnen allen
liegt die Anschauung zu Grunde des Bewegt- und Versetztwerdens in einen andern als den ursprünglichen Zustand, wobei die locale Vorstellung mehr zurücktritt. Dieser dem Neufrz. geläufige Gebrauch von* en, *gelangt erst in der späteren
Zeit des Altfranzös. zu grösserer Ausdehnung.*
Chly. 530 Si qu'en pieces vola ma lance. Floov. 340.
250 Que an doue parties trestot ne porfandise. Otin. 1206.
Rol. 1205 En dous meitiez li ad briset le col. St. Thom.
1012 en dous l'unt trenché (le cyrographe). Chly. 818,19
Qu'an II les escurz de lor cos percent. ib. 2252. (*vgl. das
mhd.* in zwei teilen. Wack. L. B. 164,38. 177,9 *nhd.* entzwei).
Erec. 4197 Et quant ses plaies ont veues Si retorne la joie
en ire. Mont. I, 27 Mettre en pieces. ib. I, 61 La peur
change des roseaux en gent d'armes. ib. I, 92 de femme
changé en homme. ib. IV, 158 J'en vois qui se transforment
et se transsubstancient en autant de nouvelles figures. *Hierher sind auch die Fälle zu rechnen, wo* en *bei Verbalbegriffen
steht, die ein Uebersetzen aus einer Sprache in eine andere
ausdrücken. z. B.* Oresme, Prol. Et a esté translatee en plu-
sieurs langaiges (L.)
So auch lat. dividere in Cic. Rep. 1,19. Quint 1,6,44
frangere comam in gradus. Suet Ner. 51. Ovid. Met. 14,74.
*Es mag hier noch Erwähnung finden das ebenfalls zu-
erst räumlich gebrauchte, dann aber auf andere Verhältnisse
übertragene* en leu de (*ital.* in luogo), *dem Neufrz.* au lieu
de *entsprechend, an dessen Stelle es altfrz. im Gebrauch war,
Er drückt das Versetztwerden an die Stelle eines andern aus.*

4*

*woraus sich weiter der Begriff der Stellvertretung entwickelt,
der aufs ethische Gebiet übertragen, der Wendung die Bedeutung von „anstatt" verleiht.*

Bibl. Guiot 1144. En lieu de ces trois nos ont mises
(An den Platz, die Stelle dieser drei . .) Guill. d'Or. b. Ba
68,46 En leu de lui serai tes chapelains. Rom. de la Rose
2003 Et la clef soit en leu d'ostages. Comin. III, 4 En lui
de le recueillir, luy tyrerent de grans coups de canon. Rabel.
Pantg. III. Prologue: En lieu de les servir, je les fasche;
en lieu de les esbandir je les offense; en lieu de leur com-
plaire je desplaise etc. *Das sich Vollziehen einer Tätigkeit
in der Stellung, in dem Stande Jemandes, den man vertritt,
kann nun auch aufgefasst werden als eine Betätigung, die
ausgeführt wird in Gemässheit, als, nach Art desselben (da ja
die Stellvertretung an sich schon eine gewisse Congruenz beider
Teile voraussetzt), und* en leu de *nähert sich dann, je nach
dem Zusammenhang in seiner Bedeutung dem Deutschen* als,
nach Art von, wie. Guill. d'Or. b. Ba. 150,22 en leu de
(= als) garcon sert li rois. Chly. 4194,95. Enmi le piz li
dona tel Mes sire Yvains, que la piax fausse El (= et le)
sanc del cors an leu de *(nach Art von, wie)* sausse Le fer de
la lance li moille. etc.

II.,

*1. Auf die temporalen Verhältnisse übertragen bezeich-
net* en *einen Zeitraum im Allgemeinen oder einen genau bestimmten, in welchen eine Begebenheit fällt, oder innerhalb
dessen eine Tätigkeit sich vollzieht, sei es, dass dieselbe den
Zeitraum ganz ausfüllt oder nicht.*

Chly. 382 En toz tens sa fuelle li dure. 2574,75 huit
jorz aprez la saint Jehan, Cui an cest jor sont les huitaves.
4920 Ensi molt longuemant parlerent Tant qu'an la fin
couchier alerent. 552. 860. 5001,02. 4738—39. 5124 S'onques
en ta vie trovas, qui te feist honte ne let. 6362. 6519. 6785
Que dex an cest siegle mortel Ne me feist pas si lie d'el.
1825 Dame, ne cuit pas, c'uns oisiax Poist tant en un jor
voler. St. Thom. 1501 Mes le Reis l'en demain pur lui
maint enveia. Guill. d'Or. b. Ba. 66,42. Bibl. d. Sap. b. Ba.
71,31 *(1. Aufl.)* et puis el tamps Noe noia les non sachant.
St. Nich. 987—89 Getro out un fil qui fu nez En decembre
en jor droit, Feste saint Nicholas estoit. Rol. 2628 ço est
en mai. Rom. d'Alix. b. B. 179,6. Rom. d'En. ib. 121,22 amor
qui plaie et sainne en un sol jor. Huon d. Bord. ib. 190,41
Floov. 42 une feste en esté. Mätzn. A. L. XXV. 4 en plain
yver chanterai. St. Thom. 2087 en l'oscur seir. Pass. 105,1
Lo nostre seinhe en eps cel di veduz fu i vegadas cinc. ib.
55,2. 75,3. 120,3 en pasche veng vertuz de cel. St. Alex.

59,1 En la semainne qued il s'en dut aler. Pr. d. P. 471.
plus bonté . . Che en cinc ans n'avons feit.

*Der Zeitraum kann nun nicht bloss durch eine direkte
Zeitbestimmung ausgedrückt werden, sondern auch durch eine,
in diesen fallende und ihn erfüllende Tätigkeit selbst.*
Chly. 3214,15 Mes au ganchir petit sejorne Et molt de
more an son retor. 4482—84. 5656 Qu'an son venir si le
navra li lyeons. Mätzn. A. L. X, 15. St. Nich. 493 Nicholas
vint en songe al empereor. Rol. 667 par main en l'albe . .
Guenes li quens est venuz as herberges. Rol. 2283 En cel
tirer li quens s'aperçut alques. Montaig. I, 5 en son dernier
soupir. St. Thom. 1984 En la pluie s'en vunt et en la tené-
brur. etc.

*Hierher ist auch die im Altfrz. häufig wiederkehrende Ver-
bindung* en un tenant *zu ziehen. Einem der räumlichen Anschauung angehörenden Bilde entlehnt, ist ihre eigentliche Bedeutung „in einem Halten, in einem Aushalten, in einem Zuge",
woraus sich mit Uebertragung auf das temporale Gebiet die
von* „ohne Unterbrechung, in einem fort" *entwickelt. Bei dem
Deutschen* „in einem fort" *liegt dieselbe Anschauung des fort-
gesetzten, ununterbrochenen und dauernden Verharrens in einem Zustand oder einer Tätigkeit zu Grunde.* Chly. 204 Et il
me dist tot maintenant Plus de VII foiz en un tenant. Bibl.
d. Sap. b. Ba. 88,7 s'il eust jeuné trois jours en un tenent.
Phil. Mousk. 969 En celle foriest fu XVI ans en un tenant.
ib. 1084. 17628 En Jhérusalem sont Sarrasin et Piersant
Pourvéu de vitalle ung an eu ung tenant. Fenin 1407 Et
dura la gelée soixante et six jours en un tenant (L.) Gill.
de Chin. 748. Mätzn. A. L. p. 188. *vgl. das ähnliche altfrz.*
en un randon. Chly. 3944—47 Biax sire de la volante Vos
merci ge, fet li prodom C mile foiz en un randon. Erec.
970. *Auch das Prov. hat eine ähnliche Bildung* a un tenen,
Bern. de Ventad. S'ieu sabia qu'à un tenen Fos tota Espanha
mia. Peire d'Alvergne: A un tenen s'en moc barrey. b. Rayn,
Lex. rom. IV. 333 a.

Wie en *in räumlichen Beziehungen das Ziel bezeichnet,
nach dem etwas hinstrebt, so drückt es auf zeitliche Verhältnisse übertragen entweder den Endpunkt eines Zeitraums aus,
oder einen in der Zukunft liegenden Zeitpunkt überhaupt, an
dem etwas geschehen oder eintreten soll.* Rol. 2751 Conquis l'aura d'hoi cest jour en un meis.
in den Eiden: d'ist di in avant. Chly. 2439 Vostres sui et
vos resoiez D'ore en avant ma dameisele. Gui d. B. 3452
En combien (sc. temps) venrons nous à Luiserne la cit? Bibl.
Guiot 478. 1589. Chly. 160 Mes n'i areste ne demore, Einz
s'an part en molt petit d'ore. Mätzn. A. L. II, 23 Ken poi
deure a l'on recouvre Cou con desire. Monmerqué Th. fr. p.

35. En mult petit de seson Rent Amors le guerredon. *vgl.
das Prov.* Gir. d. Ross. 1623 En breus de jorns aurai tan
conpanho etc.
*Im Lateinischen begegnen wir der gleichen Verwendung
von* in. Ter. And. 4,5,24. Cic. Offic. 3,25,95. Plaut. Amph.
4,2,11. Horat. Ep. 1,18,34. Tac. Germ. 22. Plaut. Pseud. I,
3, 82. *Dem Frzös.* de jour en jour *entspricht das lat.* in
dies *bei* Plaut. Merc. 5,1,9 Nam ubi mores deteriores incre-
bescunt in dies cf. Kampm. l. c. 40. *Für temporale Beziehungen zeigt das lat.* in *einen ausgedehnteren Gebrauch als
das Französ., welches verschiedene, dort dem* in *noch zukom-
mende Funktionen, durch andere Präpositionen wiedergeben
muss. Das* in *z. B.* in *distributivem Sinne,* Cato R. R. 57
Eo non est nimium in annos singulos vini quadrantalia X
ebibere. ib. 58 Oleum dato in menses unicuique sextarium
unum etc. *wird frzös. durch* par *ausgedrückt. Den Begriff
des* in *in Verbindungen wie* Cic. Catil, 4,5,10 Video quanta
tempestas invidiae nobis, si minus in praesens, at in poste-
ritatem impendeat *od.* Tac. Ann. 1,37 Sensit miles in tempus
conficta *im Sinne von „für die Zukunft" und „für den Au-
genblick", kann das Frzös. nur wiedergeben durch die Präpositionen* pour *altfrz.* por, *und vielleicht noch durch* à.
*Ueber die, die Gleichzeitigkeit zweier Tätigkeiten bezeich-
nende Verbindung von* en *mit dem gerundivischen Particip
cf. unten.*
*Auf dem temporalen Gebrauch der Präp. beruht die alt-
frz. Conjunktion* en ce que; en ce (sc. temps) que *zu der
Zeit als, während* (pendant que). Floov. 72 En ce que li
frans dux se dormoit bien soué Li enfes Floovanz l'a for-
mant esgardé. Rom. de S. Sages d. Rome p. 20 En ce qu'eles
passoient la porte, si troverent la dame sor le pont; en ce
que *auf das kausale Gebiet übertragen bezeichnet dasjenige,
in welchem die Ursache für etwas anderes liegt, = darin dass,
weil* Froiss. I, 1,119 Le roi de France et son conseil pren-
rent grand plaisance en ce que vous sejourniez ci à grands
frais. Couci XII, Souvent me feites douloir En ce que trop
vous truis lente (L) etc. etc.

III.,

*1., Die Gegenstände und Handlungen in deren Sphäre,
oder an welchen selbst eine Tätigkeit sich vollzieht, können je
nach den aus Verbindung und Zusammenhang hervorgehenden
mannigfachen Vorstellungen, bald als das Mittel erscheinen,
durch welches etwas bewirkt, bald als der Stoff aus oder in
welchem etwas hervorgebracht wird. Die genauen Grenzen des
Uebergangs sind oft schwer zu ziehen.*
*Als das Mittel für das Zustandekommen oder das sich
Vollziehen einer Handlung erscheint der von* en *eingeführte*

Begriff in Verbindungen wie: Pass. 38,2 „Amicx" zo dis lo
bons Jhesus, perque m trades in ço baizol? Chly. 1230—33
Mes ce comant pot avenir, que tu mon seignor oceis Se an
traïson nel feis? Villeh. Se fist empereor en tel traïson com
vos avez oï. Chly. 3064,65 Por deu et por vostre creance
Vos pri, que an toz guerredons *(für, um, vermittelst alles Lohnes)*
Me prestez ou donez . . ce palefroi, que vos menez. Bibl.
Guiot 209,10 En harpe, en viele et en gigue En devroit on
certes conter. *(Hier drückt* en *die Begleitung aber auch zugleich das Mittel aus)* ib. 2646,47 Maintes genz qui se
desconfortent en lor conseil se reconfortent. Mar. d. Fr.
328,9 Li chevaliers ad graunte Qu'en lur conseil femme pren-
dra (B.) St. Thom. 328 En ureison aveit sun curs mult tra-
vaillé.

Das A h d. verwendet in, *ebenfalls in dieser Weise.* Kero
6. Tat. 2,3. Otfrd. II, 45 in selben uuorten er then man gi-
uuan. Tat. 126 thaz si in bifiengin in uuorte (sermone) cf.
Graff l. c. *Das Nhd. bedient sich der Präp. seltener in diesem Sinne.*

*Als Mittel lassen sich auch persönliche Wesen auffassen,
durch welche oder in der Person welcher etwas geschieht, sei
es, dass sie die Vertreter einer andern sind oder nicht.* St.
Thom. 675. Vus estes el liu Deu, Deu en vus troverum.
*(Gott finden wir in Euch d. h. ihr seid der, durch dessen
Vermittlung Gott sich uns offenbart.)* Chly. 4434 Si la des-
fandrai se je puis; Que son droit en m'aie truis *(sie findet
ihr Recht in meiner Hilfe, vermittelst derselben, dadurch dass
ich ihr helfe.)* Vgl. Nfrz. Volt. philos. II, 191 Si toutes les
nations ont pèché en Adam. (L). *Auch altfrz.* St. Thom.
1308 Es uvraignes Adam nostre terre maudist. *gehört hierher.
Man vgl. das Althochd.* Tat. 62,1 in belzebube uuirpit thie
diuuala.

Auch Verbindungen wie en latin dire (Gui d. B. 1962)
*sind instrumental aufzufassen, insofern die Sprache, deren man
sich bedient als das Mittel der Darstellung erscheint. Vgl.*
Gui de Bourg. 1373 Et salue Aquilant . . en langage grejors.
1696. 2759 En son sarasinois mult biau l'a salué. Otin. 946
En sun language . . . escrie. Floov. 319. Cil les plaint et
regrate an sarazenois grec. *(so ist wol stett* gref *zu lesen)* ib.
767 Et dient au portier III moz an roman. St. Thom. 2203. etc.

Mehrfacher Deutung fähig ist das formelhafte en nom de.
*Das Anrufen eines Namens bei einer Handlung, oder das Voll-
zogenwerden einer Tätigkeit im Namen Jemandes, kann einer-
seits kausal aufgefasst werden, insofern man etwas auf das
Geheiss, die Veranlassung Jemandes unternimmt, andererseits
auch instrumental, um dadurch gewissermassen das zu Standekommen und das Geschehen einer Sache zu bewirken.* End-

lich wird es auch gebraucht analog dem deutschen „nun denn im Namen . .“ *um damit gleichsam die Genehmigung der, durch* en nom de *eingeführten Person auszudrücken, woran sich die Verwendung dieser Formel bei Beteuerungen schliesst.* St. Nich. 107 La tierce foiz lor at doné En nom de sainte Trinitié, Par la fenestre l'or getout Devant lor lit, si s'en alout. ib. 315. Par cel covent le recevrai En non del Crist qui servi ai Que ja meins ne n'i troverez Quant vos al mesurer vendrez.

St. Nich. 1301 Es vos al huis un pelerin, Qui le disnier at demandie El non de seinte cheritié. Marcus IX, 38 nous avons vu quelqu'un qui chassoit les démons en ton nom. ib. 41 Et quiconque vos donnera à boire un verre d'eaux en mon nom etc.

Gui d. B. 3228,29 „Chargiés moi de vos homes C chevaliers gentis Et j'en remanraí C des mes meillors amis“, Et l'enfes Guis respont el nom de Jhesu Christ. Chly. 1811 E non deu, dame, ensi iert il. Gui d. B. 31. 729. Rol. 3278.

— Floov. 115.16 Sire dus debonnaires, qui vos a vorgondé? En la moie foi, sire, vostre fiz li ainez.

Die Verwendung der Präp. in diesem Sinne ist vielen Sprachen eigen, so den Schwestersprachen insgesammt. Das Griechische braucht sein ἐν ὀνόματι *(Marc. 9,38. Luc. 10,17)* εἰς ὄνομα *(Math. 10,41). Das Gothische hat* in namin þeinamma *(Mar. 9,38, Joh. 15,21) und* ana þeinamma namin *(Luc. 9,49.). Das Deutsche und Englische verwenden die Präp. in gleicher Weise. Eine Ausnahme macht das Lat., welches in diesem Falle den blossen Ablativ gebraucht. Später aber auch hier* in.

Dem instrumentalen en *sehr nahe stehend, und damit sich noch teilweis berührend ist der Gebrauch der Präp. in Sätzen wie,* Rol. 3758 Rollanz me forfist en ore en aveir, *wo der bei* en *stehende Begriff aufgefasst werden kann als das Mittel durch welches etwas geschieht, aber auch als der Stoff, in welchem oder in Beziehung auf welchen eine Tätigkeit zum Ausdruck kommt. En* zur Bezeichnung des *Stoffes, woraus etwas gefertigt ist hat im Altfrz. nur geringe Verbreitung.* Rom. d'Alix. b. Ba. 178,24 Deus enfans de fin or, fais en molle fondis. Montaign. I, 18 se plaisent de voir en marbre leur morte contenance. (L.) Ch. d. Sax. I, 52 mainte anseigne teinte en grainne.

2., Von weit ausgedehntem Gebrauch ist en *zur Bezeichnung der* Bestimmung, *des* Zwecks *und der Absicht; eine Verwendung, welche sich ergab aus dem in der Präp. liegenden Begriff des Zielens, Strebens nach etwas.*

Chly. 1330 N'i lessiez la teste an gages (Hs. B ne metez an gages). 6428 Vostre cors li doing en ostage. 260—62

Apres me repria, que gie Par son ostel m'an revenisse An guerredon et an servise. 3066 Me prestez ou donez an dons le palefroi. St. Thom. 1430 L'arcevesque unt jujé . . . A duner, en merci *(als Busse)*, treis cenz livres d'aveir. ib. 1847. 1850 Otreié en almone. ib. 2217. Chly. 3422,23 Lors le regarde et si s'areste, que il le vialt servir an gre *(zum Dank)* ib. 1446. 6753. 4661. Rol. 785. ib. 2113 nel tindrent mie en gab. Chly. 3415 Aler en proie. 3716—19. 5977 Dex et li droiz . . en soit en aide a celui E si le desfende d'enui. Gui d. B. 529. Pr. d. P. 2281 aler en secors. Chly. 4442. Jl met an son nuisemant Trestot quanque lui plest et siet. 5710,11 James si riche en marriage N'auroiz, se vos cestui n'avez. 5760. St. Thom. 1799. Chly. 5448 S'oirent Messe . . dit en l'enor del saint esperite. Guill. d'Or. b. Ba. 69,5. Pr. d. P. 2431. St. Nich. 731,32 St. Thom. 590 De ço mettent en plege euls et lur léauté. ib. 211. Od lui ala un jour Tomas en la riviere *(auf die Vogeljagd)*. ib. 208. Rol. 432 Demi Espaigne vos voelt en fiu duner. Gui d. B. 4056. *Hierher gehört auch* Floov. 16. Li ainez ot an non Floovain, 1426. 2410. 2507. 1440. Chly. 6480 Qui li chevaliers au lyon Fust apelez an sorenon. etc. *Man vgl. das Prov.* Gir. d. Ross. Qu'ieu tenc tot en alui de Lire en sai. ib. 269. 1375 Ab tan estendet lhi son gan en pleh. 1525 E n aura en ajudha ben VII milhiers etc.

Das Lat. geht in diesem Gebrauche der Präposition dem Romanischen voran. vgl. Liv. 28,28 Regium quondam in praesidium missa legio Plaut. Truc. 4,2,27 Praeterea unam minam dedi in obsonatum. id. Most. 1,2,42. Jn usum boni sint et in speciem populo. id. Pseud. 4,7.84 Noctu in vigiliam quando ibat miles. Lex. sal. p. 118 in solutionem dare *(an Zahlungsstatt)* cf. D. C. s. v. recipere in solutum

3., *Das Altfrz. braucht* en *selbst in distributivem und multiplicativem Sinne bei Zahlenbestimmungen, wie es Neufrz. nicht mehr üblich ist.* Chly. 4010, 11 Et la dameisele et sa mere furent an II a son colchier. 6486,87 En anfermerie ou an mue Les an covient an II mener. Rol. 994,95 Païen s'adubent d'osbercs sarazineis, Tuit li plusur en sunt dublez en treis *(3fach gefüttert)*.

4., *Aus der, von der räumlichen Anschauung übertragenen Vorstellung des Seins oder Handelns in einem Zustand, in einer Lage, entwickelt sich der Begriff des Seins und Handelns in Gemässheit dieses Zustandes und dieser Lage. Diese Beziehung der Uebereinstimmung und Gemässheit wird ausgedrückt durch die Präposition* en: Chly. 1640,41 La dame set molt bien et pansse: Que cele la consoille an foi. ib. 3642, 43. Rol. 3593. Chly. 6634 Que vos en boene antencion Vos peneroiz . . St. Thom. 1543 En grant devociun cele messe

ad chauntée. 1563. 1715 en nul sens ne s'en poent vers lui
desléauter. ib. 1227. Chly. 5783 C'onques chose, que j'en mal
tiengne Ne deistes, dont moi soveingne. Eulalia v. 25. In
figure de colomb volat a ciel. St. Nich. 1190,91 Es vos le
diable venant En semblance de peneaut. St. Thom. 604.
957. 704 Set ben (Deus) ke cist sera finis en felunie, icist
en bone fin *(Lässt sich auch als blosser Zustand auffassen)*.
Chly. 1574,75 Je n'an istrai fors de semainne En larrecin
ne an enblee. Chly. 1515 Amast an si fole meniere. 953.
2024—32 An quel meniere? An tel que graindre estre ne
puet; en tel, que de vos ne se muet mes cuers, n'onques
aillors nel truis; an tel, qu'aillors pansser ne puis; en tel,
que toz a vos m'otrai; An tel, que plus vos aim, que moi;
en tel, s'il vos plest, a delivre etc. 3518. 4161. 4757. Guill.
d'Engl. b. Ba. 148,29.30 Or veut aler or veut venir en coi
contenir. Chly. 896 Ne creuz n'iert an nule guise. 4179.
4533. 5485. 6685. 6161. Gui d. B. 1988. Floov. 372. *Die
letzteren Beispiele zeigen schon den Uebergang des Begriffs
der Gemässheit in den noch allgemeineren der A r t u n d
W e i s e, in welcher etwas geschieht. In diesem Sinne tritt
die Präposition mit Adjektiven und Substantiven zusammen,
zur Bildung adverbialer Ausdrücke der Art und Weise.*

Chly. 1900 Celeement et an repost. Vrai aniel 368,69
Et s'en devant ou en recoi öcnt parler comment il vivent.
Pr. d. P. 886. ib. 895 e il pues en secroi se parti. ib. 180.
Pass. 21,2. Vrai aniel 380. Chly. 5876,77 La dameisele, qui
tort a vers sa seror tot en apert. 2603. Guill. d'Engl. b. Ba.
145,30. Chly. 2771 par moi, que ci an presant voiz. St.
Thom. 1387. Chly. 3908 Cil nel anpreist pas en vain. 4225,26.
Pr. d. P. 2190 en comunal. Gui d. B. 3299 en basset li escrie. Vrai aniel 203. En haut parla a chiere lïe et dist . .
Otin. 122. 996 etc. etc. *Hierher gehört auch die adverbial
gebrauchte Verbindung* e n e s l e p a s (in ipso passu). Chly.
3316 Einz s'an parti en es le pas. 4764,65. 4939,40 Et cele
dit en es le pas: Por deu, ne me celez vos pas. Rom. d'En.
b. Ba. 122,26 Ele la vit primes trembler et dont en es le
pas suer.

Man vgl. das Lat. Plaut Cas. 3,4,25 Nunc tu mi amicus
es in germanum modum. id. Pers. 1,3,78. Plaut. Asin. 2,2,20
in commune. Senec. Ep. 118 in antecessum. — In facili.
In promiscuo. In obsure etc. etc.

Das g l e i c h s t e l l e n d e, unserm deutschen als *entsprechende* en *geht hervor aus dem Begriff des Seins und Handelns in der Sphäre, in der Funktion oder dem Amte Jemandes.* Chly. 1003 Une foiz a la cort le roi M'envoia
ma dame an message. St. Thom. 1375 Trestuz seus ke en

chef de lui deivent tenir. Vrai aniel 327,28 Ch'est li lois
ki est esprouvee En bien et si vraie trouvée.

Statt des erklärenden accus. steht auch Mittellat. hier in
Prosp. Aquit. 553 Augustus Cajum adoptat in filium. ib. 555
Tiberium et Agrippam in filios adoptavit. *Das wiederlegt
die Annahme, dass* adopter en fils *eine Ellipse sei für* en
lieu de fils.

5., *Endlich tritt* en *zu Begriffen in Beziehung auf welche,
oder auf deren Sphäre eine Tätigkeit Geltung hat, oder etwas
ausgesagt wird.* Chly. 100,01 Cist plez ne doit avant venir,
que nns nel doit an pris monter. 1495 Onques mes si des-
mesurer an biaute ne se pot Nature. Chly. 1775 an lui hair
n'a ele droit. Mätzn. A. L. 34,32 Sage en parler. St. Thom.
1623 K'en tute ren li out sun conseil akuinté. Chly. 2522.
Jehan de Saintré, ch. 15. Jl faut que ayez homme qui se
congnoisse bien en chevaux. (L.) Chly. 1450. Erec. 813.

*Das classische Latein drückt diese Beziehung meist durch
den sogenannten Ablativ der Rücksicht aus, doch findet zich
im späteren Lat. und mittellateinisch auch* in. Prosp. Aquit. 621
Eunomia patri in eloquentia coaequatur.

6., *Vor den Infinitiv gestellt, bringt die Präp. mannig-
fache Verhältnisse zum Ausdruck. Bald lässt die Präp. den
im Infinitiv liegenden Begriff als die Sphäre erscheinen, in
der sich etwas befindet und vollzieht, oder aber als das Ziel
auf welches eine Tätigkeit sich richtet, bald als den Gegenstand
in Beziehung auf welchen etwas ausgesagt wird, endlich auch
(je nach dem Zusammenhang) als den Grund und die Ursache
für das Zustandekommen einer andern Tätigkeit. Der Infinitiv hat substantivische Natur, besitzt dabei aber noch so viel
verbale Kraft um einen Objektsaccusativ nach sich nehmen zu
können. Vgl.* Chly. 226. 2738,39. 1664 etc.
Couci VII. En amer gist hardemenz et paor. Chly. 1664
An ce panser a atendu jusque tant qu'ele revint. Mätz. A. L.
XXVI, 40 Mais morir aim mieus ainsi en esperer K'en
fausete mon grief furnir. Guiot d. Prov. III, 35. 36 se me
fait redouteir en loiaulment ameir. Chly. 226 . En li esgarder
mis m'antente. 2738,39 Et traitor, qui metent lite En cuers
enbler. 2017 An ce vouloir m'a mes cors mis. 5368,69 Qu'an
li servir meist s'antente li deus d'amors. Couci XIII. Toute
leur peine ont mise en moi trahir. Berte XLII. En Dieu
croire et amer ot si mise sa cure. Chly. 2731,32 Si a tex.
. . qui en amer sont non veant Et si n'an sevent nes neant.
Mätzn. A. L. XXVIII, 30—33 Que on voit bien souvent en
trop haster povre conquest ariere reporter, si vaint on bien
en sagement soufrir. etc.

7., *Nach dem Vorbild des Lateinischen tritt* en *auch zum
Gerundium, und bezeichnet mit diesem dann die Gleichzeitig-*

keit zweier Handlungen, die Art und Weise, seltener den Grund.
Chly. 2911 si lor conte s'aventure tot an plorant. 4344,45
Et neporquant an sopirant la regarde molt volantiers. 4970,71
Lunete an chevalchant li conte comant ele fu ancusée. Rom.
d'Alix. b. Ba. 179,2 ses compagnons apele si lor dist en riant.
Rom. de Trist. ib. 141,12 Vez Yselt qui chante en morant.
Rom. d'Eneas ib. 124,42 Tot en tremblant li dist. Rol. 1769.
Unc nel sunast, se ne fust en cumbatant. ib. 2523. etc.
Vgl. das Lat. Plaut. Asin. 4,1.50 Ut cuiquam linguam,
in tussiendo proferat. id. Merc. 1,2,105. id. Stich. 1,1,54. cf.
Kampm. l. c. 17. Caes. B. G. 2,21.

Wir schliessen hieran das aus dem part. prés. *von* ester
(stare) *hervorgegangene Substantiv* estant *in Verbindung mit
der Präp.* en. *In seiner Bildung sich der von* séant, vivant,
dorment, esciant *zur Seite stellend, bezeichnet es wie jene einen
Zustand, in welchem sich Jemand befindet, und bei Tätigkeitsbegriffen der Bewegung das sich Versetzen und Versetztwerden
in einem solchen.* En estant *heisst „im Stehen", und bildet
den Gegensatz zu* en séant „im Sitzen", *nimmt aber dann in
seiner formelhaften Verwendung den Sinn von* debout *und*
sur-le-champ *an.*
Chly. 3771—73 Mes fors des murs estoit si rese la
place, qu'il n'i ot remese an estant borde ne meison. Phil.
Mousk. 31582 Ly sarrasins se tint molt for en son estant.
Rom. d'Alix. b. Ba. 179,4 deus enfans en estant. Otin. 287
Je ne lairai, por nul home vivant, que ne te rende tout vancu
en enstant. 320. 328. 451,52. Rol. 2829 Huon d. Bord. b. Ba.
183,23 Jsnelement en estant le leva. St. Thom. 983 Mes cil
de Salesbire se dressa en estant. Gui d. B. 2622 est saillis
est en estant. Otin. 448. Phil. Mousk. 22606 Et li roys
Godefroys se mist en son estant cf. Gachet l. c. 185.
Man vgl. das Prov. Guir. d. Born. b. Ba. 104,5. ib. 3,9.
cf. Rayn. II, 203.

Ein gleichgebildetes participiales Substantiv ist oiant, *welches mit* en *verbunden die Bedeutung von* in audientia, coram
audiente *hat. Eine Tätigkeit ausführen* en *oiant de qu. ist
so, dass dieselbe gehört wird von denen, gegen welche sie sich
richtet oder in deren Gegenwart sie sich vollzieht.* Gui d. B.
4044 L'emperere de France a parle en oiant : Dame . .
n'i vaut noiant etc. Otin. 416 Si li a dit hautement en oiant.
1589. 1527. 282 Se il ne tient vers moi le covenant Que nos
féimes en la cort en oiant *vgl.* Gachet l. c. 338.

*8., In dem Streben nach schärferer Hervorhebung des Be-
griffs des* Innen, *fügte das Altfrz. zu dem* en *noch häufig das
aus* intus *entstandene (in der alten Sprache auch als Präp.
gebrauchte) Adverb* enz. Enz en, *dem sich das deutsche*
drinnen *in vergleicht, bezeichnet das Innen in Beziehung auf*

allseitige Einschliessung, ein Begriff, der sich jedoch bald er-
weitert und enz en *Beziehungen vermitteln lässt, in denen*
man das einfache en *erwartet, zu dessen Bedeutung es sich*
allmälig ganz abschwächte. Irrig ist es wenn Fernow, Jahrb.
XI, 270 *behauptet, dem altfrz.* en *habe an sich nicht die Kraft*
innegewohnt diesen genau bestimmten Begriff des Innen *aus-*
drücken zu können, und diese Funktion sei lediglich dem enz
en *oder* dedanz *(cf. unten) zugekommen. Die oben angeführten*
Beispiele, welche das Gegenteil zur Genüge beweisen (man
vgl. nur Chly. 2687 *wo* en *den direkten Gegensatz zu* fors
bildet), machen die Beibringung weiterer Belege unnötig.

St. Nich. 165 Son enfant enz el baing guerpi que desor
le feu fait avoit. Huon d. Bord. b. Ba. 190,19 Ens el bliaut
est Hues demorés. ib. 185,1 arbre : . ens el vregiet planté.
Auc. et Nic. ib. 283,28. ib. 280,31 gisoit ens en un lit. St.
Nich. 774 Ens el chemin dormir l'estut. Gui d. B. 4241 qui
se laissa pener Ens en la seinte crois. Rol. 93 Enz en lur
mains portent branches d'olives. Eulal v. 19. St. Alex. 109,4
Et l'aneme en est enz el paradis Deu. ib. 117,3. Trist. II,
69 Del covenant vus dest remembrer Qu'entre vos fud al
dessevrer Einz el jardin ù le baisastes. —

Rol. 2590 St. Nich. 870,71 li hanaps . . derrere eux
enz el cuer chaï. Flooy. 1684 De ci que anz es flanz li ai
l'espee mis. Rol. 3356. ib. 1384. Chly. 846 Anz el vis se
fierent d'estoc. Gui d. B. 2461. Chly. 3372. 2253 Et vont
jusqu'anz es poinz faudant. Rol. 1331 si li trenchat . . tut
le cors tresqu'en la furchëüre, Enz en la sele. Huon d. Bord.
192,1 Ens el palais à mon pere en irés. Pass. 20,2. Bibl.
Guiot 2531. Gautier de Coinsi. Enz en l'enfer dedans les
saichent (Mätzn. Syntax). Bibl. Guiot IV, 7. Je me fie tant
ens en ma bone foi. — *Vgl. das Prov.* Boèce b. Ba. 5,12
Lo mas o intra inz es granz claritaz. ib. 3,17 La inz el car-
cers o el jaxia pres. Berth. Zorgi. Jnz el cor ac dolorosa
penanza. etc.

Mittellateinisch auch intus in. Lex. Rip. p. 32 Si quis
pomario *(statt* pomarium*)* intus in curte aut in horto vel
vinea copulaverit. *bei* Pott, Höfers Zeitschr. III, 1851.

Enz. Denz. Dedenz.

Die altfrz. Präp. dedenz *repräsentiert die dreifache Composition* de de enz (de de intus), *deren Bildungselemente jedoch schon in den frühesten Denkmälern nicht mehr einzeln empfunden wurden, sondern die nur den Gesammtbegriff eines verstärkten* enz *darstellt. Die den Lautgesetzen entsprechenden Formen sind* enz, denz, dedenz, *welche aber bei der im spätern Altfrz. gleichen Aussprache von* en *und* an, *in der Schreibung mit* anz, danz, dedanz *wechseln. In letzterer Weise finden sie sich in unserm Denkmal,* anz (Chly. 1316. 3084. 3372...), dedanz (ib. 167. 4652 etc.) *Die correkte Schreibung mit auslautendem* z *ist im* Chevalier au lyon *genau durchgeführt.*

Enz (St. Léger 19,3 ins) *ist gleich seinem Etymon* intus *ursprünglich Adverb, geht dann aber, wie im Altfrz. ein Gleiches öfter wahrzunehmen ist, auch in präpositionalen Gebrauch über. In seiner Bedeutung deckt es sich mit dem lateinischen Grundwort.*

Enz *als Adverb.* Chly. 1315,16 Ci poez ester et seoir Et anz et fors les genz veoir. 3084 Et la dame giete anz la boiste. 900 Ci sont anz anbedui antre. Rol. 730. Gui d. B. 3359. Faites ens rebouter ces riches brans d'acier. Floov. 934. Huon d. Bord b. Ba. 184,37. ib. 186,41. Gui d. B. 3681. Rol. 2469 saillent enz. ib. 2966. *Auch* Chly. 3372 *ist wol in* jusqu'anz en terre *zu emendieren.* Parton. d. Bl. I, 93 mener ens. Antoine d. l. Sale N, 1,173. 2,168. 2,55. 2,117. 1,156 le mist ens. ib. 2,196. S, 50 venez enz. P, 848 (Herr. Arch. 46,189). St. Alex. 74,4 cf. *auch oben* pag. 61. *In der Form* entes *begegnet es* Baud. de Seb. II, 202 Entes gisoit navrés, as champs sur la verdeur (Gachet).

Enz *als Präposition.* Phil. Mousk. 4691 Ens le sepulcre fist ses chevaus establer. Huon d. Bord. b. Ba. 191,24 ens son lit jut. ib. 186,28 Qu'ens li se fie. ib. 192,39. 194,4. Floov. 2124 Enz la plus grande presse se vai ademantant. Otin. 413 Que ins sa vie ne trova si poissant (sc. que Rollant). Mätzn. A. L. XVII, 13. Car cou que preng (sc. amors) ens un douc souvenir. cf. *dazu die Anmerkung* 197,15. Pr. d. P. 111. 441. 750 E sali ens l'arzons.

Nicht damit zu verwechseln ist die Form ens *aus* en les

contrahiert. vgl. Burguy I, 55. Gachet l. c. 156. Natalis de
Wailly : Langue de Joinville p. 6 *und* p. 118.
Das aus der Zusammensetzung von de *und* enz *hervorgegangene* d e n z, *welches in adverbialer und präpositionaler Verwendung auftritt, ist im Altfrz. bis zum 13. Jh.,
gegenüber der erst aus dieser wieder gebildeten Composition* dedanz, *von verhältnismässig seltenem Gebrauch. Erst vom 14.
Jh. ab gelangt derselbe zu grösserer Ausdehnung, und hat im
Neufrz. das noch bis ans Ende des 17. Jh. als Präp. gebräuchliche*
dedanz *vollständig verdrängt. Worin die Gründe liegen, weshalb das Altfrz. dem* dedanz *den Vorrang vor dem einfachen*
danz *einräumte, ist schwer einzusehen. Man könnte an einen
dem Altfrz., und besonders den Volksepos karakteristischen
Zug denken, nämlich die Vorliebe für gehäufte präpositionale
Verbindungen. Man vgl. z. B. die zusammengesetzten Präp.*
dedevant (Rol. 2181. 2192. 2300 etc.), dedesuz (ib. 2081.
2705. 3873 etc.) dedevers (cf. devers), *welche, im Sinne des
einfachen* devant, desuz, devers *gebraucht, vor diesen, die einen
Lautkörper von geringerem Umfang hatten, oft vorgezogen
wurden. Aehnliche Rücksichten mögen auch in dem Verhältnisse von* danz *zu* dedanz *obgewaltet haben. Die unten für den
Gebrauch von* danz *angeführten Belege sind die einzigen, die
ich gefunden habe.*
In denz, danz *als wirklicher Zusammensetzung, ist schon
frühe die Bedeutung des* de *nicht mehr zu fühlen. Zuerst
das* in *mit besonderer Beziehung auf eine allseitige Einschliessung bezeichnend, beschränkt es sich nicht auf diesen speciellen Begriff, den ja auch* en *im Altfrz. auszudrücken ver-
mochte, sondern dehnt sich gleich jenem aus auf die Darstellung des* in *einer Fläche etc. etc. Ohne wesentliche Bedeu-
tungsunterschiede setzt das Altfrz. das eine für das andere.
Man vgl.* Roncesv. p. 70 Li rois estoit dans une grant valée
(L). [Chly. 3438,39 il vit en une valee . . pasturer un che-
vrel.] Pr. d. P. 2142 Se feri dens le tas de celle giant falie.
[Gui d. B. 4202 En la presse se fierent]. Nouv. rec. de fabl.
et cont. anc. II, 193 Denz ces chambres l'en mena. [Chly.
1960 mainne an chambre a bele dame Chevalier].
Allerdings war in dem denz, *schon seiner Etymologie
nach, noch bestimmter der Begriff des* Innerhalb *ausgesprochen
als in dem einfachen* en, *doch ist eine so strenge Scheidung
des* en *von* denz, *wie sie das Neufrz. vollzogen, dem Altfrz.
gänzlich unbekannt.*
Bênoit Chr. 34235,36 denz les affinitez de Normendie
out pais entiere. (B.) Vigil. de Charl. VII: Car dens la ville
les mettroient. (L.) Mont. I, 142 Dans un an sa traficque
rapporta . . ib. I, 271 Tant de vies avoient à desfaillir au
plus loin dans un siecle. etc. Anc. et Nic. b. Ba. *(1. Aufl.)*

262,30 et se il dens trois jors ne le trove .. D'Aub. Hist.
I, 142 Deux goujats, qui en faisant rostir une oye dans une
broche de bois chanteoient de villenies contre la roine.
[Chly. 3457 Puis mist en une broche an rost Son larde cuire
au feu molt tost]. *Als Adverb im Sinne des Neufrz.* dedans *begegnet es
häufiger.* Pr. d. P. 2398 tuit entrerent dens. ib. 414 Dexiriés
ameina dens Çarllon. 455 Car dens ne porent tuit tenir par
nul engin. 608. la dens 623. 1566. 242 ça dens. 249. 604
Lour alerent couzier tretuit à grand esploit Chi dens e chi
de hors. Christ. d. Pisan : Charl V, II, chap. 34 Et la tierce
est quant ceuls de dens et ceuls de hors, se combatent aux
murs. — *Im Prov.* ist dinz *von ausgedehnterem Gebrauch.* Gir. d.
Ross. 248 Et l'uns caire dins l'autre. 2881. 1766 intren dins
Val Beto. 1781. Karles dins Val Beto los fetz guidar. 1199
No ilh laisserai estar vila dins sulh. etc.
Man vgl. auch lex sal. p. 38. 40 Si quis de foris casa, de
intus casa furavit. lex. rip. p. 31 si quis pomarium — deintus
curte aut latus curte furaverit. Jnnoc. de Casis literar. : super
arcam memoriam Deintus sextanea parte . b. D. C. s. v.
Die Präp. dedenz[1]) *erfreute sich im Altfrz., wie schon
erwähnt, eines weit ausgedehnteren Gebrauchs als* denz; *sie
bildet gleichsam die Mitte zwischen dem vielseitigen* en *und
dem vereinzelten* denz. *Die dem Altfrz. so eigene Vorliebe für
bedeutungslose Häufung von Präpositionen zu neuen Verbindungen, zeigt sich deutlich bei* dedenz, *wo von der Bedeutung
des ersten* de *(soweit ich die Fälle zu überschauen vermag)
nicht das geringste mehr empfunden wird, und welches ebenso
bedeutungslos hier zu dem* denz *trat, wie bei diesem zu dem*
enz. *Adverb im Neufrz.,* ist dedenz *bis zum Ende des 17. Jh.
als Präp. noch häufig im Gebrauch, es findet sich bei* Pascal,
Racine, Molière, Corneille, Lafontaine, Fénélon. cf. Littré. s. v.
In seiner Bedeutung unterscheidet sich dedenz *wenig von*
denz, *es dient zur Bezeichnung des Seins und sich Befindens
in,* innerhalb *eines allseitig oder nur teilweis umschlossenen*

---

[1]) *In einigen älteren Denkmälern des nördlichen Frankreichs, findet
sich die Form* devens *für* dedens, *die nach* Gachet l. c. 125 *noch
heute im rouchi und im patois von Tournai vorkommt, und entstanden
ist im Volksmunde, durch die Vertauschung des dentalen Lautes mit
dem labialen Laute, in Folge einer falschen Anlehnung an das ähnlich
klingende* devant. Rom. d. Perceval : Et estoit trestos abriévés Devens
le pavellon entrés. Phil. Mousk. 25796 Ci commencierent esranment
Caus devens à grever forment. ib. 16648 Venut sont devens l'ost.
19500. 25601. Chron. de Rains 96 Et li fist li rois lire et avoit devens que li porteres estoit cousins de Soudanc (L.)

Raumes, wird aber, mit Erweiterung dieses Begriffs in man-
chen Fällen synonym mit en.

Chly. 167 Et li cuers prant dedenz le vantre La voiz,
qui . . [*aber en* Chly. 3154.] 5815. 961 Remest dedanz la
sale anclose [en ib. 3996.] 5569. 4652 Si l'enporte tot estandu
Dedanz l'envers de son escu. Erec. 1861 garnemanz, qui
estoient dedenz les males. Chly. 4736,37 Et Lanceloz par
traïson Estoit remes dedanz la tor. Pr. d. P. 2478 Dedenz
suen trief li fist seoir. ib. 2848. Huon d. Bord. b. Ba. 192,
38. 39. se jou devoie tos les jors deu flamer dedens infer,
ens la cartre cruel. St. Thom. 1326. Dedenz Marie aveit set
maufez herbergez. ib. 78. Dedenz l'umme et defors sane les
enfertez. Gui d. B. 434 l'ame que dedenz ton cors gist. ib.
2283 qui te lasses pener dedens la sainte crois por ton peuple
sauver. [ens en, ib. 4241. en, ib. 1055.] Bibl. Guiot 590. Mätzn.
A. L. 30,10. Roncesv. p. 90 Dedens le cors son espié . a
baigné. Liv. des mét. 4. Nuz ne puet estre talemeliers dedans la banlieue de Paris, s'il n'achate le mestier du roi.
Le Testam. de Path. 37 dedans mon escriptoire. ib. 454 dedans la petite layette. (Archiv. 39,99). Joinv. 215 sa galie . .
toute peinte dedens mer et dehors. Mont. II, 48 Bouillir
dedanz une marmite (L.) Jl luy met un assez riche rubys
dedanz le doigt, qu'il tira du sien (L.) [en Chly. 1031].
Rons. 755. Je vis en elle, elle vit dedans moy. Malh. I,
10,5 D'avoir vecu dedans le monde. b. Beckmann „Etudes
sur Malherbe.“ *Elberfeld 1873.* Comin. I, 9 car tous estoient caches dedanz le fosse (Geijer l. c.)

Bei Städtenamen statt des sonst üblichen en.

Gui d. B. 691 C'ancor puissons Karlon dedenz Luiserne
aider. Ger. de Viane 397 Dedans Viane est li quens Olivier
(B.) Mont. IV. 363 Jl estoit romain, et nay dedans Rome, mais
dans la vraye Rome. *vgl. Prov.* Gir. d. Ross. 1291. 1393. 1717. 2031.

In Verbindung mit Verbalbegriffen mannigfacher Art, be-
zeichnet dedenz *den Raum, in welchem sich eine Tätigkeit*
vollzieht, oder in welchen hinein eine Bewegung ihren Ver-
lauf nimmt.

Gui d. B. 1622 Et cil se sont logié dedens un bois ramé.
Pr. d. P. 2078 Ou Çarlle fu asailu dedens l'ouscur valon?
ib. 3621 Et se mistrent dedens la pute giant malnee. Otin.
2075 Dedans sa chartre fu mis et enserrez. Joinv. 230. Com.
I, 2 Et mistrent les Bourguignons dedanz moulins. (L.) Guill.
d'Or. b. Ba. 149,27 L'ont dedenz lor nef receu. St. Thom.
835 L'arceveskes Tomas dedens sa kurt le prent. Rol. 3572
Dedenz ces cors mie ne s'adeserent. Chly. 1581 s'en antre
Dedanz la petite chanbrete. Otin. 2083 Dedens la vile s'en
sont li nostre entrez. Pr. d. P. 60. 616 Dedenz le greignour
lit . . entra roi Maozeris. Rom. d'Alix. b. Ba. 177,8. Huon

d. Bord. ib. 184,10. Gui d. B. 4066. ib. 4079 Que chascune
s'en va dedens son erité. ib. 1508 si cort .. dedens les clos
des vignes. Pr. d. P. 2032 au devalier qu'il fist dedens un
val flori. Gui d. B. 4214 Damedieu .. fist dedens le voile un
grant vent venteler enteler. cf. *auch* Lundehn l. c. p. 6. Et
chacierent les Turcs dedens la cité *(in die Stadt hinein).*

Dedenz in seiner Uebertragung auf t e m p o r a l e *Verhältnisse bezeichnet den Zeitraum innerhalb dessen eine Tätigkeit
sich vollzieht oder durch welchen sie sich erstreckt, ihn ganz
oder nur teilweis ausfüllend. Der Zeitraum selbst kann durch
eine reine Zeitbestimmung oder seiner qualitativen Erfüllung
nach ausgedrückt werden.*

St. Thom. 1499 Mes dedanz dous anz poet sa char li
verm manger. ib. 2276 Dedenz quart jor apres, vint à Sanz
seint Thomas. Auc. et Nic. b. Ba. *(1. Aufl.)* 262,29. Ch.
d. Sax. XXIV. Dedanz quatorze jourz viendront li plus tar-
dif. Bl. et Jeh. 2443 Dedens huit jours revenrai ci. Beaum.
Liv. VI. 4 Jl doit aller à l'ommage dedens les quarente jors
qu'il est entrés en le saizine. Villeh. LXI. Dedens ces huit jors
furent venu tuit li vaissiel et li baron. Beaum. Liv. 1. dedens les nuis. ib. VI, 61 dedens hore de miedi. Froiss. II,
II, 219 desiroient trop grandement à aller dedans l'an en
Portingal. ib. I, I, 18 qu'ils ne surent, dedans deux jours,
là où ils estoient. (L.) Carl. I, 40 Jl esperoit, dedans Pasques,
en rendre bon compte á Sa Majesté. (L.) Chly. 4695 Mes
dedanz ce fu avenu, que a la mort ot plet tenu Li sires de
la Noire espine. Froiss. I, 1,47 Dedans celle treve advint
que .. (L.)

*Insofern etwas innerhalb eines Zeitraumes d. h. vor Ab-
lauf desselben geschieht, kann sich* dedans *unter Umständen
in seiner Bedeutung mit* avant *berühren.* Joinv. p. 123 Dedens le tiers samedi vint le conte. Comin IV, 12 celuy ..
feroit la justice dedans huit jours. *(bei* Geijer).

A d v e r b i a l i s c h wird dedenz, *wie das einfache* denz
schon altfrz. häufig gebraucht. Chly. 1095 si cuidoient que
dedanz celui troveroient. 2561. la vert busche .. qui dedanz
rant plus grant chalor. St. Thom. 292 Agnels esteit dedenz,
defors semlout lépart. Rol. 1776. Gui d. B. 933. 368. 458.
616. 1521. St. Nich. 635 un seinz oiles qui dedenz sort.
Pr. d. P. 1558. 62. 4111. 4376. Com. 1,2.

Chly. 1121. la sele .. est ca dedanz. Gui d. B. 18 Et
a moult grant empire lá dedens atiné. ib. 2060. 4139. la dedens en la tor. Bibl. Guiot 1538. Mätzn. A. L. 41,9 etc.

*Zu nochmaliger intensiverer Hervorhebung des Begriffs
von* dedenz *setzte dieses sich mit* tres *zusammen (vgl.* tres
parmi, tres enmi *etc.)* Gui d. B. 611. Qu'il (les paeins) s'en
vodront foir tres dedans la cité.

Auch mit par *geht* dedenz *eine Verbindung ein, welche die Bewegung* durch, *das sich Verbreiten* über *den von* dedenz *ausgedrückten räumlichen Begriff bezeichnet, bald mehr den logischen Hauptton auf das* dedenz, *bald mehr auf das* par *nehmend. Die Verbindung hat sich als Präp. bis ins Neufrz. erhalten.*

Cor. L. 2625 par dedens Rome fu Guillaumes li frans· ib. 1945 Qui me set conseiller Oú ge le truisse? . . L'en li enseigne : par dedans le mostier. Charr. de Nym. 200. Berte CX. Par dedens la chapelle fu Berte o le cor gent. Pr. d. P. 620 Par dedenz l'autre lit . . se couza Jsories. ib. 1248 s'est embatu par dedens le boscaze. Berte CXXV. Par dedens le manoir sont tout ensemble entré. (L.) Baud. de Seb. VII, 176 Qu'eufremez vausist estre par dedenz sa maison (L.) cf. Lundehn l. c. p. 6.

Als Adverb verwendet. St. Bern. b. Ba. 198,24 K'il par defors ne soit ensi humles qu'il par dedanz en son cuer soit orguillous . . Ruteb. I, p. 53 si connoist il et cuer et cors Et par dedens et par defors (B.) Froiss. I, I, 213 Et devoit este à cette feste une joute de quarante chevaliers de par dedans, attendans tous autres et de quarante escuyers aussi. Villeh. XCV Li bruis fu mout grans par là dedens (L.) *Vgl. das Prov.* Daude de Prat. b. Ba. 174,13 e per dedins si on folrat. (sc. li ram).

Die Präp. dedenz *gieng auch, aber wie es scheint erst später in die Funktion eines Substantivs über (vgl.* contre, devant etc), *in welcher Stellung es sich bis heute erhalten hat.* Mont. I, 61 Pensant tirer vers le dedans de la ville. ib. II, 78 Jl se tenoit tousjours enfermé par le dedans de sa chambre. (L.) ib. IV, 12 Encroustez de marbres au dehors, le dedans reluisant de rares enrichissements. ib. I, 188 Conceptions qu'ils ne peuvent esclaircir au dedans, ni par consequant au dehors. Louis XI. Nouv. III. Le meunier, oyant cette avanture, nefit pas semblant par dehors tel que son coeur au par dedens portoit (L.) *Aus welcher Verwendung durch Hinzutritt der Präp.* de *sich das neufrz.* au dedans de, *mit präpositionaler Geltung entwickelte. Ebenso wie* en dedans [b. Froiss. I, I, 234 et si, là en dedans le roi de France ou leduc de Normandie son fils venoient en ce pays (L)] *das präpositional gebrauchte* en dedans de *ergab; Verbindungen, deren einzelne Elemente jedoch noch nicht zu einem so bestimmten präpositionalen Gesammtbegriff verschmolzen sind, dass sich* dedans *in den meisten Fällen nicht als reines Substantiv mit der den Genitiv ersetzenden Präp.* de *auffassen liesse.*

Elliptisch tritt das adverbiale dedens *auf,* Chron. du Siège d'Orleans 1429. Bib. des Chart. 2e sér. III, p. 506

68

Incontinent la pucelle dist : Dedens, enfans, en nom Dé ils
sont nostres (sc. les remparts) (L.)

Parmi.

Der Präp. parmi (*prov.* permiei, per mieg) *liegt die Ver-*
bindung per medium *zu Grunde, aus welcher sich genau nach*
den Lautgesetzen die französ. Form entwickelte. Ihren Bil-
dungselementen nach drückt die Präp. das mitten durch, *die Bewe-*
gung durch die Mitte eines Gegenstandes aus, und unterscheidet
sich von dem, ähnliche Beziehungen vermittelnden entre *dadurch,*
dass bei parmi *eine Beziehung auf die Mitte eines einzelnen*
Gegenstandes stattfindet, während entre *die Mitte, den von*
z w e i Gegenständen eingeschlossenen Raum bezeichnet. Die
ursprüngliche räumliche Bedeutung von parmi *hat sich nfrz.*
in nur sehr spärlichen Resten erhalten, wie auch die altfrz.
Verwendung der Präp. im Sinne von: vermittelst (moyennant,
an moyen de) *jetzt erloschen ist. Im Nfrz. wird die Präp.*
vorherrschend gebraucht, um das sich Befinden inmitten meh-
rerer Personen oder Gegenstände auszudrücken, aus welchem
Gebrauch man nach und nach die Regel deducierte, dass parmi
nur bei Substantiven im plur. *oder Collektivbegriffen im* sing.
gesetzt werden dürfe. Eine Regel die jedes rationellen Grun-
des, sowie jeder historischen Begründung ermangelt.

Das Neufrz. schreibt die Präp. als ein Wort, während
die Herausgeber altfrz. Texte darin schwanken, in dem sie
die einzelnen Bestandteile bald trennen, bald verbinden. Das
massgebende Kriterium für ein solches Verfahren kann nur
sein: zu prüfen, ob man beim Gebrauch des Wortes die ein-
zelnen Bestandteile seiner Composition noch lebhaft empfand,
oder ob beide, innig verschmolzen nur als ein Gesammtbegriff
sich darstellten. Hierfür gibt uns aber das Verhalten des mi
Aufschluss, insofern dasselbe nämlich vor weiblichen Substan-
tiven mie, *oder wie beim mascul.* mi *lautet. Tritt das letztere*
ein, so tut man besser beide Wörter zusammen zu schreiben,
weil man es dann wirklich mit einer Composition zu tun hat,
die als einheitlicher Begriff aufgefasst ist. Im erstgenannten
Falle aber ist die getrennte Schreibung die logisch richtigere, weil
es sich dann um das adjektivische mi, mie *handelt, mit der Präp.*
par. *Für das Adjektiv* mi, mie *vergl.* St. Alex. 15,5
38,4. en mie noit. Gui d. B. 4174. Pr. d. P. 1444.

In Sätzen wie St. Graal b. Ba. 174,11 puis s'an ist fors
par mi la porte, *ist* parmi *zusammenzuschreiben, da es sonst*

par mie la porte (per mediam portam) *lauten müsste. Ebenso*
Guill d'Engl. ib. 147,14 Si li dona tel hurtée des deus eles
parmi la face etc., *da ausserdem hier parmi keineswegs die*
genaue Mitte bezeichnen soll, sondern mit Erweiterung des ihm
zu Grunde liegenden Begriffs mehr im Sinne von par, *dans*
steht. Unser Denhmal führt in diesen Fällen die richtige
Schreibung durch. vgl. Chly. 179. 904. 1179. 1317. 3361.
1131. etc. —
 Eine präpositionale, der romanischen genau entsprechende
Bildung hat das Lateinische nicht, man kann aber an eine
analoge lat. erinnern, die sich auch im Altfrz. wiederfindet und
zwar in ähnlicher Bedeutung wie parmi, *nämlich* per. ample
lat. per ampla. Gachet l. c. 358 *führt einige Beispiele für*
diesen Gebrauch an. Bertr. du Guescl. I, 179 note. Lors
cuiderent fuir par ample la contrée. Mort de Garin p. 248
Rigaus espant par anple le païs Art et destruit, si a la proie
pris. Phil. Mousk. 4407 *vgl.* Virg. Aeneis I, 725 (ed. Lade-
wig) Fit strepitus tectis vocemque per ampla volutant Atria.
Auch im Mittellat. war amplum *synonym mit* medium, *und*
Le sein parmi lui perça *entspricht dem Mittellat.* pectoris
ampla transfixit cf. D. C. s. v.
 1., Zuerst bezeichnet parmi *bei Verben der Bewegung das*
„mitten hindurch" *durch einen Gegenstand oder Raum.*
 Chly. 904. Si vindrent enbedui d'esles parmi la porte
del pales. 1179. Li sanz rissi au mort parmi la plaie. 1284
Parmi cele fenestre agueite Mes. sire Yvains la bele dame.
3361 La flame .. que il (sc. li serpanz) gitoit parmi la gole.
3542,43 Qu'il se volt m'espee entreset parmi le cors el piz
boter. 4234,35. Otin. 1510 Parmi la bouche li est le sanc
volez. ib. 910 Parmi lur lances nos estuvera passer. 1905.
Floov. 1168. Rol. 1763. Guill. d'Or. b. Ba. 66,23 li sans
li ist par ambedeus les flans. Floov. 2400. Rol. 1306. 1947.
1980. 2052. Rom. d. l. Rose I. p. 68 et parmi l'oel m'a (sc.
amors) ou cuer mis la sajette. Villeh. b. Ba. 217,41 *(1. Aufl.)*
il fu feruz parmi l'ueil et einsinc fu morz. Chly. 3150. Comin I, 4 luy donna d'un vouge parmi l'estomach. St. Graal
b. Ba. 167,31 Tantost li sire an revesti Celui qui leanz est
estranges De l'espee parmi les ranges (= *Gürtel*) qui va-
loient bien un tresor.
 Je nach Zusammenhang und Verbindung erfährt die Präp.
in ihrer Bedeutung gewisse Abschattungen. Sich gleichsam
spaltend, nimmt sie bald die logische Betonung mehr auf das
mi (= *mitten um*), *bald erscheint es, mit Aufgebung des spe-*
ciellen Begriffs der Mitte d. h. mit Erweiterung desselben,
mehr im Sinne eines verstärkten par, *um wie dieses die Be-*
wegung durch, *das sich* Verbreiten auf, über *etwas hin,*
sowie endlich das sich Befinden in *einem Raume auszudrücken.*

Chly. 2385 Puis l'enbraca parmi *(mitten um)* les flans
li rois come cortois et frans. Guill. d'Or. b. Ba. 67,32 Parmi
les flans tint l'enfant acolé. Otin. 1921 Parmi le gros du
cors est atachiez. *vgl. das lat.* medium alqm. arripere *Jemand
in der Mitte = um den Leib fassen.* Terent. Ad. 3,2,18
Alcides medium tenuit *(hielt um den Leib gefasst).* Lucan. 4,652.

Chly. 178,79 Et tornai mon chemin a destre parmi une
forest espesse. 1317 qui passeront parmi la voïe. Rol. 1449
Marsilie vint parmi une valée. Gui d. B. 1445 Parmi les
orbes rues commença à aler. ib. 4184. Parmi les murs versés.
IIIm en entra.

St. Thom. 2030. Nis parmi Cantoirbire en sunt nutaun-
tre ale. Otin. 37 Parmi Paris chevache á esperon ib. 1973.
Pr. d. P. 2884 n'a cessé d'alier parmi l'oste . . por spier. ib.
1761. 1199. Otin. 2058 Voit un paien fuiant parmi les prez.
Floov. 300. 1061 Je erroie hui matin pormi ce brueroi. ib.
1463. 2055. 1932. Jl regardent avaul parmi un desrubant.
Gui d. B. 2810. ib. 2089. Pr. d. P. 1867. St. Alex. 103,3
Parmi les rues en vienent si granz torbes . . . Rol. 3421.
Joinv. p. 128 Les Sarazins traioient à nous de visée parmi
(quer über) le flum. Villeh. XXX. Parmi Borgoigne et parmi
les mons de Montageu et par Moncenis et par Lombardie
se commencierent á essembler en Venise (L.) Comin. III, 11
Et si prenoit un escu pour chacune pipe de vin qui passoit
parmi ses limites. ib. I, 7. VI, 8. VI, 12 etc. Erec. 743.

Gui d. B. 3238 li rois . . fist . . ses homes loger parmi
ces prés floris. Chly. 538,39 del cheval parmi la crope con-
treval me mist á la terre. ib. 1132. Et parmi les paroiz feroient. v. 8 Apres mangier parmi ces sales cil chevalier s'a-
tropelerent la, ou . . . 1131. Parmi la sale le queroient.
1679 Que autresi boen ou meillor (sc. chevalier) An sont
remes parmi le monde. Floov. 867. Trist. b. Ba. 140,27
Oisellons qui chantent parmi le jardin lor divers chanz.
Gui d. B. 1410 Parmi le chaaignon li a tel coup doné. Erec
175 ferir parmi le vis. ib. 214. ib. 944 Trenchie l'eust parmi
le cors. ib. 1293 Puis s'asient parmi ces rans sor liz etc.
Guill. d'Or. b. Ba. 66,24 Parmi le cors ot quinze plaies granz.
ib. 65,20. Rol. 2080. ib. 2084· Rom. d. l. Rose 1115.
Richece tint parmi le main ung valet de grant biaute plain.
Mätzn. A. L. 23,15 que fine amors me traie parmi le cuer
sa tres grant biaute vraie. Malh. I, 1, 5. Mont. I, 156 Jl
vont semant parmy leurs ouvrages des lieux entiers des anciens. (L.) Marot. 510. 615. Charretier parmy la rue. ib. 686.
Joinv. p. 114. Avant que il venist au Turs, il chaï et son
cheval li vola parmi le cors. Rabel. Garg. XXI. p. 40 Je
me suis veautré six ou sept tour parmi le lict, davant que
me léver. ib. XXIII. p. 45 et cessoient (sc. de jouer) ordinaire-

ment lorsque suoient parmi le corps où estoient autrement las. Rabel. I, 35 l'ame meslee parmi les souppes. IV, 55 parmi ceste leur isle; jecta l'une piece apres l'autre parmy le champ. (Archiv. 35,248) *vgl. noch* Amyot Thés. 27. Jl les mesla parmy les autres filles, sans que personne y cogneust rien. (L.) etc.

Man vgl. das Prov. Gir. d. Ross 1301 Permiei los veirials venc la clartez. 2787,88. 1291 Per miei lo pon s'en intren dedins Orlhes. 1744. E son mais de C. M. (sc. chivaliers) per miei cels plas. 1973. Bern d. Ventad. b. Rayn. 4,175 L'aigua m cor per miei lo vis. Gir. d. Ross. 2751. 1909 Vecvos per miei l'estorn lo vilh Draugo. etc.

Dem parmi *analog gebildet ist das Got.* þairh midja, Luc. 4,30. ib. 17,11 Jah varþ, miþþanei iddja is in Jairusalem, jah ir þairhiddja þairh midja Sarmarian jah Galeilaiam.

Wenn im Mittellateinischen per medium *in diesem Sinne auftritt, so ist dies eher als eine dem romanischen Sprachgebrauch entnommene Redewendung anzusehen.* Vita St. Guid. IV, Sept. p. 44 col. 2, Habitatores loci frequenter ibant per medium sepulchri. cf. D. C. s. v.

Die Präp. in *ihrer räumlichen Bedeutung setzt sich mit dem verstärkenden* tres *zu* tres parmi *zusammen, welche Verbindung zuerst das intensivere „mitten durch" bezeichnet, sich dann aber mehr und mehr abschwächt und in Bedeutung und Verwendung endlich sich kaum von dem einfachen* parmi *unterscheidet.*

Otin. 1881 Le cheval trenche très parmi l'echine. Gui d. B. 2077 Très parmi les fenestres les verrois trebuchier ib. 1679 Et costoient la mer (li rois et si compaignon) très parmi le sablon. ib. 338 Que li alquant ne pueent très parmi l'ost aler. 2201 Très parmi les costés grans bendes d'orfroie a. Cor. L. 667 Tres parmi l'ost commença à brochier. Charr. de Nym. 1467 Tres parmi France en vet la renomée. Coron. Viv. 987 Girarz passe outre tresparmi le marchié. Ogier le Dan 603. Dont s'arouterent tres parmi un larris (B.) Auc. et Nicol. b. Ba. 286,40.

Nicht selten steht parmi *in der übertragenen Bedeutung von:* vermittelst (au moyen de). *Ein Gebrauch, der auf der Verwendung der Präp. im räumlichen Sinne beruht, insofern nämlich das Zustandekommen einer Tätigkeit bedingt und abhängig gedacht wird von dem Hindurchgehen durch den von* parmi *eingeführten Begriff, welcher, obgleich eigentlich nur Durchgangsmedium, als das bewirkende Mittel selbst aufgefasst wird.*

St. Gregoire : Deus avoit destineit à multiplier la semence Abraham parmi Jsaac (Mätzn.). Joinv. 204 Et le conte de Champaigne vendi au roy, parmi les XL mille livres, les

fiez ci après nommés. *Bei* Joinville *oft in diesem Sinne.*
Rom. de Rén. 19265 Le cheval corut atachier à un barbre
parmi le frain. O. de la Marche, Mém. p. 43 Le sauf conduit leur fut acordé, parmy payant les tribus accoustumes.
(L.) Moral de St. Job. p. 466 Li saint homme . . ont plus
granz guains parmei ce ke li altre convertissent. ib. 445.
ib. 478 Dunkes cant li toz poanz Deus soi demostret à nos
parmi les craveures de contemplation ne parolet mie à nos,
anz runet (B.) etc.

Parmi *adverbial gebraucht, steht im Sinne von „mitten
durch", welche Bedeutung sich jedoch modificiert, je nachdem
der strenge Begriff der Mitte sich erweitert oder ganz aufge-
geben wird. Wenngleich manche Herausgeber* parmi *getrennt
in den Text setzen, so ist auch hier dasselbe besser zusammen
zu schreiben, da schon das Altfranz. ein selbständiges Substantiv* mi *nicht mehr gekannt hat.* Chly. 944,45 S'ateint la
sele et le cheval Derriere et tranche tot parmi. 4078,79 Que
par po ne li part parmi li cuers, quant demorer ne puet.
*Holland trennt hier irriger Weise, obgleich er in der ersten
und folgenden Stelle die richtige Schreibung durchführt.* Chly.
3155 Et fu parmi l'eschine frez. Rom. d'Alix. b. Ba. 176,15
si que il poet bien parmi outre esgarder. Charr. de Nym.
746 L'os de la gueule li a parmi froisié. Otin 1454 passer
parmi. Gui d. B. 396 voler parmi. Pass. 82,4 jusche la terre
per mei le fend. Gui d. B. 694. Otin. 843. Rol. 2093 brisier
parmi etc. etc.

In Verbindung mit Tätigkeitsbegriffen des Teilens, konnte
parmi *leicht die Bedeutung von* par moitié, zur Hälfte, *annehmen, da, wenn etwas genau mitten durch geteilt wird, die
Zerlegung in 2 gleiche Hälften die notwendige Folge ist.
Hierin liesse sich vielleicht noch ein Rest des substantivischen*
mi *erblicken, und es dürfte in diesem Falle die getrennte
Schreibung sich eher rechtfertigen lassen.* Wace, Brut b. Ba.
105,14 le renne unt cil ainsi saisi et entr'ax deus parmi
parti. Flor et Blauchfl. 1562 Parmi partomes le gaaing.
Villeh. b. Ba. 217, 10 (*1. Aufl.*) nous li partirons parmi, si
emprendres la moitié et nos l'autre.

In diesem Sinne findet sich auch im Mittellat. per medium, *neben dem gewöhnlicheren mlat.* mediatim. Chart. ann.
1314 in Chartul. eccl. Lingon. ex Cod. reg. 5180 fol. 194 :
Jtem plures personas de Cuseio teneri ipsio conjugibus quo-
libet anno infra nativitatem B. Johannis Baptistae in XVII
aminetio bladi per medium frumenti et avenae . . Dictus
Petrus habet quartam partem XXXII aminetarum bladi per
medium frumenti et avenae cf. D. C. s. v.

In gleichem Sinne begegnet auch die Zusammensetzung
à parmi. Ordonn. 27. sept. 1327 Les ouvriers (de la mon-

noie) doivent prendre á parmi et rendre á parmi á la balance sans nul avantage. ib. Li monoier prendront á poids
et rendront á poids tout á parmi á la balance. (L.)

Wenn im Neufrz., wie schon angedeutet, parmi *in seinem
Gebrauch gegenüber der alten Sprache bedeutend eingeschränkt
worden ist, so hat man diesen Verlust wieder zu ersetzen ge-
sucht, durch eine Erweiterung der Gebrauchssphäre der Präp.
nach einer ganz bestimmten Richtung hin. Der neufrz. Sprachgebrauch beruht auf einer begrifflichen Weiterentwickelung
von* parmi *in der, ihm altfrz. verhältnismässig seltener zukom-
menden Bedeutung von* in, inmitten. *Erst vom 15. und 16.
Jh. an gewinnt die Präp. in diesem Sinne grössere Ausdehnung. Von dem Begriff des sich Befindens in mitten, unter
mehreren Personen oder Gegenständen ausgehend, erklären sich
alle der Präp. im Neufrz. zugefallenen Funktionen. Auf dieser
Vorstellung beruht der Gebrauch von* parmi *bei den Verbalbegriffen des Mitrechnens, Wählens etc. in welchen Fällen sich
das Altfrz. meist anderer Präpositionen bediente, z. B.* entre,
de. *Zur Bezeichnung von Wechselbeziehungen zwischen Personen etc. verwendet die alte Sprache noch nicht* parmi, *sondern
nur* entre. *Auch in temporalem Sinne, insofern* parmi *die
Umstände bezeichnet während, unter welchen irgend etwas
eintritt oder statt hat, scheint die Präp. bis zum 14. Jh. noch
nicht vorzukommen. Dass die Präp. zu einer zeitlichen Bestimmung werden konnte ist leicht erklärlich, und es geschah
indem das Nebeneinanderhergehen zweier Handlungen als ein
gleichzeitig statthabendes aufgefasst wurde. Man vgl. den ana-
logen Uebergang bei* ensemble *aus* insimul.

*Das Neufrz. bildete noch eine, dem Altfrz. unbekannte
Zusammensetzung* de parmi *im Sinne von:* aus—inmitten von,
heraus—aus, her—von, *ähnlich dem altfrz.* d'entre (cf. *dieses)
z. B.* Mass. Panég. St. François de Paule : Un nom obscur
et á peine échappé de parmi le peuple (L.)

Selbst parmi *als Adverb im altfrz. Sinne von :* mitten
durch *hinterlässt keine Spur in der neuen Sprache, und hat,
gemäss der im Neufrz. vollzogenen Weiterentwicklung die Bedeutung von* dans le nombre, au milieu, *dem Deutschen dar-
unter entsprechend, angenommen. z. B.* Sév. 237 Jl vint une
grande assemblée de recteurs, pour assister á la cérémonie
de notre chapelle; Ms. du Plessis était parmi (L.)

*Für die Belege zu dem im Neufrz. herrschenden Gebrauch
verweise ich auf* Littré's Dictionnaire etc. s. v. *und* Mätzner's
Syntax etc. p. 284.

Enmi.

Das frzös. enmi *(prov.* en miei) *ist aus der schon im Lateinischen vorliegenden Bildung* in medio[1]) *entstanden, die
jedoch nur im Prov. und Altfrz. präpositionale Geltung angenommen hat. Ueber das Trennen oder Zusammenschreiben
der beiden Elemente der Composition gilt das oben über* parmi
gesagte. Gachet, l. c. 152 *ist der Ansicht, dass man in Sätzen
wie* Trist. I, 155 A terme aurai en mie la place Li rois Artus
et sa mesnie etc. *und ähnlichen, in* mi, mie *ein Substantiv
zu erkennen habe; dem widerspricht aber schon die für das
Altfrz. geltende Regel, dass das Weglassen des genitivischen*
de *nur bei Personennamen, nicht aber bei Substantiven säch-
lichen Begriffs stattfinden kann (cf. die Präp.* de). *Wäre in
dem angeführten Beispiel* mie *Substantiv, so forderte die alte
Sprache ohne Zweifel* en mie de la place, *wie im prov.* en
mieg del sol, b. Rayn. 4,175. Mi *tritt aber altfrz. als selbstständiges Substantiv nicht mehr auf, höchstens könnte man es
noch erblicken in dem adverbialen* parmi, enmi (cf. *diese), aber
auch hier zwingt nichts dazu, und in unserm Falle ist* mie
sicher das sich im genus *nach seinem Substantiv rich-
tende Adjectiv.* Enmi *als Präp. ist im Neufrz. erloschen, war
jedoch altfrz. häufig und bis in den Anfang des 17. Jh. (bei*
Antoine de la Sale, Marot, Montaigne, Malherbe) *nicht selten
im Gebrauch. Die neue Sprache gibt den Begriff durch das
umschreibende und weitläufige* au milieu de *wieder. Die ausschliessliche Bedeutung der Präp. von:* inmitten, mitten unter,
in der mitte von, *gestattete ihr von vorn herein keine weite,
über die ihr ursprünglich gesteckte Grenze hinausgehende Verwendung. Trotzdem beschränkte sich* enmi *nicht auf die ausschliessliche Bezeichnung des ganz speciellen Begriffs von* inmitten, *sondern wurde durch die Erweiterung desselben oft
synonym mit* en *und* danz. *Bei Verbalbegriffen der Ruhe bezeichnet* enmi *das Inmitten des Raumes in welchem sich etwas
befindet oder eine Tätigkeit sich vollzieht, bei Verben der Bewegung denjenigen, in welchen hinein eine solche ihren Ver-
lauf nimmt. Unser Denkmal bedient sich der Präp. abwechselnd in den Formen* enmi *und* anmi.

Chly. 209 Enmi la cort au vavasor . . pendoit une table.
910 anmi la porte entracontrer. 1176 Mes enmi la sale amassa
Entor la biere uns grans toauz. 3337 Tant qu'il ot enmi le
gaut un cri molt doloreus et haut. 4104 Devant la port enmi un plain. 4167. 4192. eumi le piz li dona tel (sc. cop.)
Mes sire Yvains, que . . 4188. 5985. Rol. 986 Se truis Roland enmi la voie. ib. 1595. Pr. d. P. 1708 quant vit à

---

1) *Mit* medius *bildete das Altfrz. auch eine Zusammensetzung* entremi
(intermedium) = *mitten unter z. B.* Auc. et Nicol. Se lance tres entremi
ses anemis. b Orelli, *Altfrz. Gramm.* cf *auch* D. C. s. v. intermedium.

terre mis Jsoriés e siens princes enmi siens grans nemis. ib.
1699. 2651. 3619. St. Thom 1893 Enmi le vis li unt escopi
et rachié. Rol. 1945. 2651 Suz un lorer, ki est enmi un
camp. ib. 3129. 3222. les eschines qu'il unt enmi les dos.
3294. 3567. 3920. Gui d. B. 3485 Jcele nuit il logent enmi
le pré flori. Otin. 734. 861. 1673. Floov. 1585 Anmi la
chartre l'ai à Floovant mené. ib. 2111. 2497. St. Thom.
1882. Ant. d. l. Sale, N, 1,75 descendre enmy la chambre;
ib. N, 1, 134. Joinv. p. 86. 88. 94 enmi un sien chastel.
Comin. II, 13 Le roy estoit emmy la ruë, bien accompagné.
ib. VI, 5. *Und in mehr übertragener Weise* St. Thom. 1176
Li autre l'unt leissé tut sul enmi l'estur etc.

In Analogie zu d'entre, de parmi *(nfrz.) auch* d'enmi.
Mätzn. A. L. 46,45 Fame doit s'onneur et son pris Miex gar-
des c'uns hom mal senez, qui se puet d'enmi male voie re-
tourner. *Nicht selten wird* enmi, *wie* parmi *durch* tres *verstärkt.* Rol. p. 54 (ed. Michel) Mort le tresturnerent t r e s
e n m i un guaret. R. de Cambrai p. 101 Andui s'abatent
tres enmi le garais. Ch. d. Sax. XV. L'apostoiles de Rome,
tres enmi le palais, les princes en apele. (L)

Auch e n z e n m i *findet sich (man vgl.* enz en*)* Gui d. B.
2006 Et saillent tuit à terre ens enmi le fossé.

Auf t e m p o r a l e Beziehungen übertragen, bezeichnet enmi *den Zeitraum in welchen etwas fällt.* Huon d. Bord. b. Ba.
191, 2 Quant che venra enmi le tans d'esté. Serm. de St.
Bern. p. 527 li salveires vint, si cum vos mismes saveiz bien,
ne mies el encommencement del tens, ne enmei lo tens, mais
en la fin. *Gleich* parmi *wird* enmi *auch adverbialisch gebraucht.* Chly. 927 Et tot enmi a droit compas estoit si
estroiz li trespas, Com se fust uns santiers batuz. Trav. of
Charl. p. 5 Et les XII chaères i sunt totes uncore, la trée-
zime est enmi, ben séelée e close. ib. p. 17. cf. Gachet. l. c.

Ueber das prov. en miei cf. Rayn. 4,185. *Man vgl.
das Jtal.* in mezzo, Dante Purg. 19,20. ib. 22,131. etc. *Sowie das Lat.* Liv. 1,57,9 Lucretiam inter lucubrantes ancillas
in media aedium sedentem inveniunt. Virg. Aen. 5,481 Sic
deinde locutus in medium geminos immani pondere caestus
Projecit . . ; Cic. Qu. Fr. 2,3 in foro medio. *Sonst bei Cicero selten.*

*Der Bildung und dem Inhalte nach, lässt sich dem La-
teinischen und Romanischen das mhd.* inmitten, alinmitten
(= tot enmi Chly. 927) *vergleichen,* cf. Wigal. 1040. *Dem*
enz enmi *steht gegenüber* in alenmitten. Jw. 419. *Zeitlich*
Walth. 118,35. Wigal. 201. cf. *mhd.* WB. *Auch das Altengl.*
in midde *mag noch erwähnt werden.* Mätzn. II, 428. *In*
midde the place the knyghtes mette. (Jpom. 1139) In me-
dys the water bi oure assent, Be now maide the firmament.
(Town M. p. 2).